日本一の角打ち！

明石・魚の棚《うおんたな》商店街

「た

誠文堂新光社

たなか屋は
明石・魚の棚《うおんたな》商店街にある酒屋。
その酒屋が営む角打《かくう》ちが
「立呑み 田中」です。

酒屋の横の狭い通路を通り抜けると、
そこには酒呑みにはたまらない
光景が広がっています。

いつも店内は、
おいしい酒と
料理を求めて集う
お客様で大賑わい。

たなか
STAND SAKE BAR たなか
日本酒取扱銘柄

さて、今日は何を呑もうかな?

何を食べようかな？

ウキウキ
ワクワク！

目次

立呑み 田中の人気つまみベスト10

明石浦漁港の新鮮な魚! 38

季節の野菜料理あります。

ちびっとつまむアテ。

地味だけどウマイ、おばんざい。

立呑み 田中の発酵料理。

だしで酒を呑む。

Column

日本酒指南

■この本の使い方

＊分量はつまみとして食べる分量(おかずより少なめ)の意味で「つまみ○人分」としています。
＊小さじ１＝５㎖、大さじ１＝15㎖、１カップ＝２００㎖です。
＊火加減は特に表示のない場合は「中火」です。
＊レシピ上、野菜の「洗う」「皮をむく」「ヘタを取る」などは省略しています。特に指示のない限り、その作業をしてから調理してください。
＊レシピ上の「小麦粉」は薄力粉です。
＊オーブン料理は、電気オーブンを使用。ガスオーブンの場合は、10～20℃温度を下げるのを目安に。熱源、機種によって焼き具合に差が出る場合があります。お使いのオーブンに合わせて調整してください。指定の温度に予熱してから焼きます。
＊電子レンジは５００Ｗを使用したときの加熱時間の目安です。６００Ｗの場合は0.8倍にしてください。
＊電子レンジ、魚焼きグリルは機種によって加熱時間が異なります。取扱い説明書の指示に従い、様子を見ながら調整してください。
＊レシピとプロセス写真は、分量が違う場合があります。

立呑み田中の人気つまみベスト10

◆酒のデータは、蔵元／県／酒米／精米歩合／酵母／アルコール度数／希望小売価格（税別）2023年10月現在

ほろりとほどけ、
口の中に濃厚なうまみが広がる牛すじ。
弾力が楽しいこんにゃくとの煮物は
甘めに炊くのがおいしさの秘訣です。
オープン当初から作り続ける、
立呑み 田中の定番メニュー。

ベスト 1

すじこん

合わせたのは

播州一献　超辛　純米

お酒が持つ米のうまみが肉の甘みを引き立たせ、お酒のキレが脂を洗い流してくれる。

相乗＋洗い流す

山陽盃酒造株式会社／兵庫／兵庫北錦／精米歩合60％／きょうかい901号／15％／720mℓ・1300円

各料理に合わせた日本酒は、p.66の**「同調」「相乗」「洗い流す」**の考えに基づいています。詳しくはp.66を参照ください。

《材料》作りやすい分量・つまみ6～7人分

牛すじ …… 500g
こんにゃく …… 1枚(250g)
しょうが(薄切り) …… 小1かけ(7.5g)
長ねぎ(青い部分) …… ½本分
赤唐辛子(種を除き、輪切り) …… 少々

A
だし …… 4½カップ
みりん …… 110mℓ
砂糖 …… 大さじ1
天然かけじょうゆ*
(またはしょうゆ小さじ2) …… 大さじ2

B
薄口しょうゆ …… 大さじ1½
しょうゆ …… 大さじ1

*川中醤油の「芳醇 天然かけ醤油」を使用(p.122参照)。しょうゆで代用する場合は⅓量にする

《作り方》

1 鍋に牛すじ、たっぷりの水を入れて強めの中火にかけ、煮立ったらアクを取りながら5～10分、赤いところがなくなるまでゆで、ざるにあげる(ゆでこぼす)。流水で丁寧に洗い、一口大に切る。

2 鍋に**1**の牛すじ、たっぷりの水、しょうが、長ねぎを入れて中火にかけ、煮立ったらアクを取り、やわらかくなるまで約1時間ゆでる。途中水が少なくなったら足し、牛すじが水から顔を出さない状態を保つ。ざるにあげ、さっと洗う。

3 こんにゃくは3～4cm角で8mm厚さに切り、水からゆでて沸騰したらざるにあげ、水けをきる。

4 鍋にA、**2**、**3**、赤唐辛子を入れ、弱めの中火で30分ほど煮て、Bを加えて5分ほど煮る。食べるとき、青ねぎと一味をトッピング。

◆牛すじは倍量(1kg)ゆで(右の**1**、**2**参照)、半量は冷凍しておくと便利。p.51「水菜と牛すじのはりはり」やp.68「牛すじと里いもの煮っころがし」に利用を。

ベスト2

立呑み 田中ポテトサラダ

《**材料**》つまみ5～6人分

じゃがいも …… 3個(500g)
卵 …… 3個
紫玉ねぎ …… ¼個(60g)
きゅうり …… ½本(60g)
ハム ……4枚
A　バター …… 15g
　　砂糖 …… 大さじ1⅓
　　塩 …… 小さじ1弱
B　マヨネーズ …… 70～80g
　　レモン汁 …… 小さじ½
　　こしょう …… 少々

《**作り方**》

1　じゃがいもは皮つきのまま、卵とともに、蒸気の上がった蒸し器に入れ、強火で25～30分ほど蒸す。途中、卵は15分ほど蒸したら取り出し、殻をむいてざく切りにする。

2　紫玉ねぎは薄切り、きゅうりは細切りにし、塩少々(分量外)をふり、5分ほどおいて洗い、水けを絞る。ハムは4㎜幅の短冊切りにする。

3　**1**のじゃがいもがやわらかくなったら、熱々のうちに皮をむき、Aを加えてつぶしながら味をつける。

4　**3**に**2**、ゆで卵を加え、Bで味を調える。

ポテサラのおいしさは、
じゃがいものホクホク感と
なめらかさ。
そのため、立呑み 田中では
いもを蒸し、熱々のうちに
バターをからめてコクをつけます。
砂糖の甘みを加えると、
後を引く味わいに。

合わせたのは

丸にぼーいち

純米吟醸 無濾過袋取り 中汲み生原酒
五百万石

ポテサラのマヨネーズに含まれるオイリーさとお酒の甘みにマッチする。

相乗

下越酒造株式会社／新潟／新潟県産五百万石／精米歩合55％／18号系 自社酵母／17％／1.8ℓ・2700円

まるでパテのよう！と
評判のクリーム煮は、
焼きつけてから
さらっと火を通すことで
しっとりした口当たりに。
マスタードの酸味、
魚醤でほどよい塩けをつけると、
クリーム味ながら
くどくなくなるんです。

ベスト 3

鶏白レバーのマスタードクリーム煮

作り方 p.18

合わせたのは

純青　兵庫夢錦
生もと純米吟醸おりがらみ 生

このお酒の乳酸の香りと程よい甘みが、レバーの口当たりをなめらかにし、クリームとマスタードの「酸」を包み込んでくれる。

同調

富久錦株式会社／兵庫／兵庫夢錦／精米歩合60％／きょうかい901号／16.2％／1.8 ℓ・3000円

鶏白レバーのマスタードクリーム煮

《**材料**》つまみ5～6人分

鶏レバー……500g
玉ねぎ……½個（100g）
バター……20g
塩……小さじ¼
白ワイン……¼カップ
A　生クリーム……1カップ
　バルサミコ酢（甘みととろみのあるもの）*……小さじ2
　バルサミコ酢（さらりとしたもの）*……小さじ1
　魚醤……小さじ1
粒マスタード……大さじ1
こしょう……少々
パセリ（みじん切り）……少々

*さらりとしたバルサミコ酢1種しかない場合は、大さじ1使用し、はちみつ少々を加える。甘みととろみのあるものしかない場合は、小さじ2½にし、白ワインの量を少し増やす。

《**作り方**》

1　レバーは筋と脂を取って食べやすく切り、水の中で揺すり洗いし、血のかたまりを取り除き、きれいな水に5分ほどつけて血抜きし、ペーパータオルで水けを拭く。玉ねぎはみじん切りにする。

2　フライパンにバターの半量を溶かし、玉ねぎを中火で炒める。きつね色になったら中央をあけ、残りのバターを足し、レバーを入れて強火で焼きつける。塩をふり、あまり触らずに両面にこんがりと焼き色をつける（a）。

3　白ワインを加えて中火で煮て、白ワインが半量くらいになったらAを順に加え（b、c）、仕上げに粒マスタード、こしょうを加えてさっと混ぜ（d）、火を止める。器に盛り、パセリをふって。

a

b

c

d

ベスト 4

鶏もつみそ煮

新鮮な玉ひもが
手に入ったときにだけ作る料理。
味つけのみそは、赤みそ一択!
濃厚さが、個性的なもつに
メリハリをつけます。
強火で一気に炊き、
7割方火が通ってから
みそを加えて、風味をいかします。

《材料》作りやすい分量

鶏レバー、ハツ、玉ひもなど …… 計700g

A
- しょうが、にんにく(粗みじん切り) …… 各2かけ(20g)
- 赤唐辛子(種を除く) …… 2本
- 酒 …… 1½カップ
- みりん …… 80mℓ
- 砂糖 …… 大さじ1
- 天然かけじょうゆ*(またはしょうゆ小さじ1) …… 大さじ1

赤みそ …… 50g

しょうゆ …… 大さじ1

青ねぎ、一味 …… 各適量

*川中醤油の「芳醇 天然かけ醤油」を使用(p.122参照)。しょうゆで代用する場合は⅓量にする

《作り方》

1 鶏レバーは筋と脂を取って食べやすく切り、ハツは半分に切る。水の中で揺すり洗いし、血のかたまりを取り除き、きれいな水に5分ほどつけて血抜きし、ペーパータオルで水けを拭く。玉ひもは熱湯にさっと通し、ペーパータオルで水けを拭く。

2 鍋にAを入れて強火にかけ、煮立ったら**1**を入れ、落としぶたをして15分ほど煮る。

3 7割方火が通ったら、赤みそを溶かし入れ、しょうゆで味を調える。食べるときに、青ねぎ、一味をトッピング。

合わせたのは

大信州 仕込三十一号

うすにごり仕立て 純米大吟醸

無濾過生原酒

お酒の上品な甘みが、鶏もつの食感をスムーズな舌触りにしてくれる。

洗い流す

大信州酒造株式会社/長野/長野県産契約栽培米「ひとごこち」/精米歩合49%/自家酵母/16%/720mℓ・2300円

ベスト
5

季節の南蛮漬け

とらはぜの甘酢南蛮漬け

作り方 p.24

乾きモノ中心の
先代の立ち呑み屋時代に
出していたベラの南蛮漬け。
その味を引き継ぎつつ、
魚に合わせて
少し味を変えています。
これからもずっと
作り続けていきたい
大切なメニューです。

かきの南蛮漬け

作り方 p.25

合わせたのは

天寶一　純米大吟醸　直汲み生

かきのうまみを包み込む、どっしりとした米の力強さがある酒。

相乗

株式会社天寶一／広島／八反錦／精米歩合 45％（麹）・50％（掛）／ 9 号系／ 16％／ 720mℓ・1700 円

雪の茅舎　山廃純米生

甘酢に山廃のうまみ酸と米の甘みがマッチ。

同調

株式会社齋彌酒造店／秋田／山田錦（麹）・秋田酒こまち（掛）／精米歩合 65％／自家酵母／ 16％／ 720mℓ・1350 円

小魚は骨ごとどうぞ！

とらはぜの甘酢南蛮漬け

《**材料**》作りやすい分量

とらはぜ（さわら、豆あじ、いわし、たいでも）…… 12 尾

塩 …… 適量

南蛮酢

- 赤唐辛子（種を除き、小口切り）…… 2 本
- 酢、煮きりみりん[*1]、天然かけじょうゆ[*2]（またはしょうゆ大さじ $2\frac{1}{3}$ 弱）、だし …… 各 $\frac{1}{2}$ カップ
- 砂糖 …… 10g

揚げ油 …… 適量

しょうが（せん切り）…… 1 かけ

[*1] 立呑み 田中の「煮きりみりん」は、みりん 1 カップ、砂糖 25g を加熱し、アルコール分をとばしたもの。

[*2] 川中醤油の「芳醇 天然かけ醤油」を使用（p.122 参照）。しょうゆで代用する場合は $\frac{1}{3}$ 量にする

《**作り方**》

1　とらはぜは頭と内臓を取り（ウロコ、中骨はそのまま）、軽く塩をふって1時間ほどおき、水けをペーパータオルで拭く。ざるにのせ（下にバットなどを敷く）、ラップをかけずに冷蔵庫で1日おいて乾燥させる（立呑み 田中では、乾燥機で60℃で2～3時間乾燥）。

2　バットに南蛮酢の材料を入れ、砂糖が溶けるまで混ぜる。

3　中温（170℃）に熱した揚げ油に**1**を入れ、カラッとするまで揚げる。よく油をきり、揚げたてを**2**に浸す。器に盛り、しょうがをのせる。

つるんとしたかきは、
うまみたっぷり

かきの南蛮漬け

《材料》作りやすい分量

かき …… 1パック（12個）
紫玉ねぎ …… ½個（120g）
セロリ …… 1本（100g）
にんじん …… ½本（90g）
レモン（好みで・輪切り）…… ½個
南蛮酢
　赤唐辛子（種を除き、小口切り）…… 2本
　酢、煮きりみりん* …… 各1カップ
　薄口しょうゆ …… 大さじ2
片栗粉、揚げ油 …… 各適量

*立呑み 田中の「煮きりみりん」は、みりん1カップ、砂糖25gを加熱し、アルコール分をとばしたもの。

《作り方》

1 かきは薄い塩水（分量外）で振り洗いし、水けをペーパータオルでよく拭く。

2 紫玉ねぎは薄切り、セロリは筋を取ってにんじんと共にせん切りにし、水にさらしてシャキッとさせ、水けをきる。

3 バットに南蛮酢の材料を入れ、混ぜる。

4 **1**に片栗粉をまぶして余分な粉をはらう。中温（170℃）に熱した揚げ油に入れ、カラッとするまで揚げる。よく油をきり、揚げたてを**2**と共に**3**に浸す。好みでレモンを添える。

ベスト 6

〆さば・〆いわし

〆いわし

〆さば

合わせたのは

来楽　特別純米

家紋シリーズ(たなか酒店限定酒)

〆魚を口に入れて来楽を呑むと、まるで寿司のシャリを食べたかのような味わいになる。

洗い流す＋相乗

茨木酒造合名会社／兵庫／兵庫県産山田錦／精米歩合60％／7号山廃(2022年度)／15％／720㎖・1409円

《**材料**》作りやすい分量

さば(刺身用・三枚おろし)……1尾分
いわし(刺身用・三枚おろし)……8尾分
塩……適量
酢水(酢大さじ2、水2カップ)
A　酢……½カップ
　薄口しょうゆ……小さじ1
　昆布……1枚
　赤唐辛子(種を除く)……1本
しょうが、大根(せん切り)、青じそ……各適量
しょうが、わさび(すりおろし)……各適量

a

b

c

こちらも先代が作っていた
数少ないメニューのひとつ。
たっぷりの塩をまぶしておくと、
身が引き締まり、
魚の甘みが出てきます。

《**作り方**》

1 魚は5％の塩をふり(a、b)、冷蔵庫に入れておく(いわしは15分、さばは1時間ほど)。

2 酢水に氷を入れて**1**の魚を洗い(c)、ペーパータオルにはさんで水けを丁寧に拭き、マイナス20℃以下の冷凍庫に48時間以上おく(アニサキスを死滅させる。家庭で作る場合は特に注意)。

3 バットなどにAを入れて混ぜ、**2**の魚を入れ、途中上下を返して冷蔵庫に1時間ほどおく。汁けを拭き取り、頭側から皮をむいて食べやすく切る。しょうが、大根、青じそなどを添え、しょうがじょうゆまたはわさびじょうゆで食べる。

その名の通り、
一度食べ始めると止まらない、
セロリの漬けもの。
パンチのある
にんにく入りの
しょうゆ味が人気。
セロリのシャキシャキ感と
爽快な香りも
おいしさのひとつです。

合わせたのは

酒屋八兵衛　伊勢錦純米生原酒

香味野菜、にんにくとの相性がよい酒。口の中でバランスよくまとめてくれる。

相乗

元坂酒造株式会社／三重／伊勢錦／精米歩合60%／非公開／16%／1.8ℓ・3618円

ベスト 7

やみつきセロリ

《材料》つまみ4～5人分

セロリ …… 2本(200g)

A
- にんにく(すりおろし) …… 1かけ分(10g)
- 赤唐辛子(種を除き、小口切り) …… ½本分
- 砂糖 …… 10g
- 天然かけじょうゆ*(またはしょうゆ大さじ1強) …… ¼カップ
- 酢 …… 大さじ½

白いりごま …… 適量

*川中醤油の「芳醇 天然かけ醤油」を使用(p.122 参照)。しょうゆで代用する場合は⅓量にする

《作り方》

1 セロリは筋を取り、1cm幅4cm長さに切り、保存袋に入れる。

2 ボウルにAを入れてよく混ぜ、**1**に加えて一晩(約8時間)漬ける。味をみて薄ければ、しょうゆや砂糖で味を調える。器に盛り、白いりごまをふる。

ベスト 8

季節のぬか漬け

20年前から作り続けるぬか漬けは、目でも楽しめるよう、緑、白、赤の野菜を彩りよく盛り合わせるのがポリシー。シャキシャキ感がおいしい長いも、きゅうりは通年。夏にはコリンキーなどもいいですよ。

合わせたのは

灘菊　ひやおろし純米

お酒が持つ米ぬかのようなほのかな香りと酸が、ぬか漬けに寄り添ってくれる。

同調からの相乗

灘菊酒造株式会社／兵庫／兵庫夢錦・山田錦／精米歩合70％／9号／17％／1.8ℓ・3000円

《材料》作りやすい分量

長いも、オクラ、にんじん、赤パプリカ、きゅうり、ズッキーニなど …… 適量
塩、ぬか床(家にあるもの) …… 各適量
白いりごま、一味 …… 適量
しょうゆ …… 少々

《作り方》

1　野菜は皮つきのまま軽く塩をふって、15分ほどおく。

2　ぬか床に**1**を入れ、好みの加減に漬ける。浅漬けなら3時間くらいでOK。

3　食べやすい大きさに切り、器に盛って白いりごま、一味をふり、しょうゆをかける。

ベスト 9

自家製オイルサーディン

意外なほどおじさまファンも多い料理。
油で弱火でコトコト4時間ほど炊くと、骨までやわらか！
油の温度が高いとオリーブ油が濁り、外側から焦げるので、
沸騰させないよう注意しながら加熱しています。

作り方 p.32

自家製オイルサーディン

《**材料**》作りやすい分量

いわし(小)…… 10尾
塩…… 小さじ1
オリーブ油…… 1¼カップ
A　ローズマリー…… 2枝
　　ローリエ…… 2枚
　　にんにく(たたきつぶす)…… 2かけ
　　赤唐辛子(種を除く)…… 2本
　　粒黒こしょう…… 小さじ1
魚醤(またはしょうゆ)…… 少々
細ねぎ(小口切り)、一味、
　レモン(薄切り)…… 各適量

合わせたのは

酒屋八兵衛　うっかり八兵衛
本醸造　からくち

一見合わなさそうな本醸造のお酒に、淡くやさしい青い香りのオリーブ油が相性◎。

洗い流す

元坂酒造株式会社／三重／国産米／精米歩合65％／非公開／15％以上16％未満／1.8ℓ・1786円

《**作り方**》

1

いわしは頭とワタを取り除き、塩をふる。

2

1時間ほど冷蔵庫に入れる(写真は1時間後の状態)。

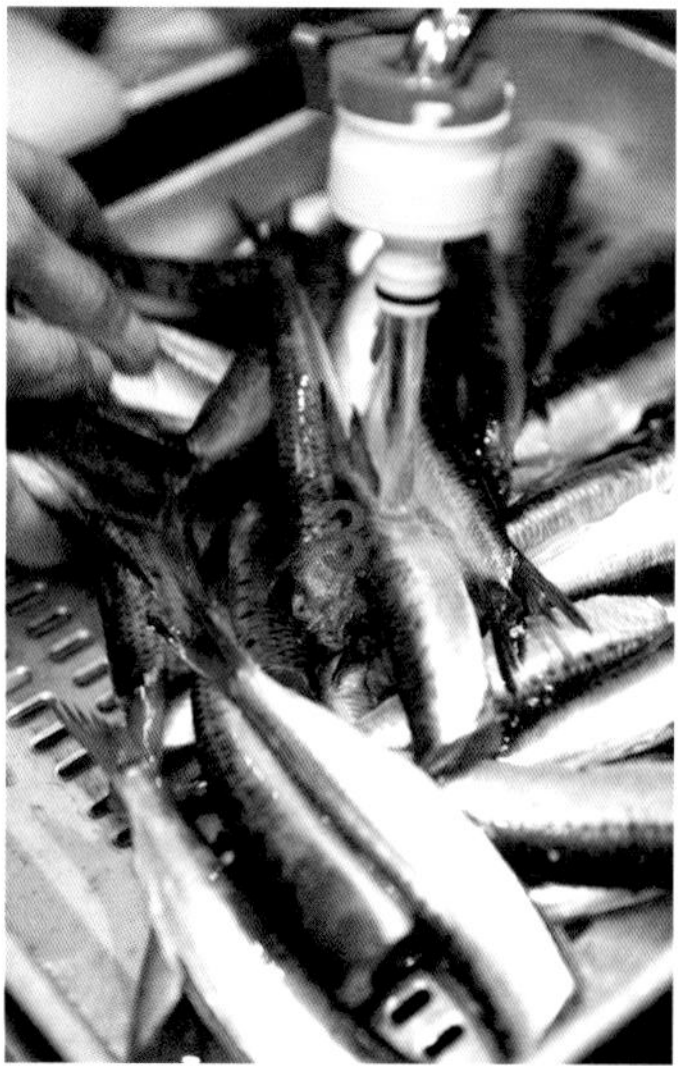

出てきた水分を流水で洗い流し、ペーパータオルで丁寧に拭き取る。

4

鍋（ステンレス製がおすすめ）にオーブン用ペーパーを敷き（焦げ防止）、オリーブ油1/4カップを入れて（いわしが貼りつかないように）**3**を並べる。

5

Aを入れ、いわしがひたひたになるまでオリーブ油約1カップを注ぐ。

6

中火にかけ、沸騰する直前で弱火にし、コトコト4時間ほど煮る（いわしの大きさによっては2〜3時間のときも）。食べるときに、魚醤、細ねぎ、一味、レモンを添えて。

明石はあなごもおいしい地域です。
ふっくらやわらかく仕上げるには、
10分炊いたら火を止めて
余熱で火を入れること。
酒のアテならわさびを、
ご飯にはツメをかけるのが
おすすめです。

ベスト10

あなご煮

《**材料**》作りやすい分量

あなご（開いたもの）…… 4尾

だし …… 2½カップ

A
- 酒、みりん …… 各¼カップ
- 砂糖 …… 小さじ1
- 薄口しょうゆ …… 大さじ1
- 塩 …… 小さじ¼

ツメ
- あなごの頭（あれば）…… 適量
- みりん …… ¼カップ
- 酒 …… 大さじ1⅔
- しょうゆ …… 大さじ1弱
- 天然かけじょうゆ*（またはしょうゆ少々）…… 小さじ¼

青じそ、わさび …… 各適量

*川中醤油の「芳醇 天然かけ醤油」を使用（p.122参照）。しょうゆで代用する場合は⅓量にする

《**作り方**》

1 あなごは熱湯でさっとゆで、包丁の背で皮のぬめりと汚れをこそげ取る。

2 鍋にだし、あればあなごの頭、骨などを入れ、弱火で20～30分煮る。Aを加えて煮立て、あなごを入れて10分ほど煮る。火を止め、そのままおいてあなごに余熱で火を入れる。

◆あなごの頭や骨がない場合は、だしにAを加えて煮立て、あなごを入れて同様に作る。

3 ツメを作る。あなごの頭をオーブントースターまたは魚焼きグリルで香ばしく焼く。鍋に入れ、すべての材料を加え、弱火で煮汁が半量になるくらいまで煮る。器に盛り、青じそ、わさびを添える。

◆あなごの頭がない場合は、ツメの他の材料を煮立て、**3**と同様に作る。

あなごの頭をオーブントースターで香ばしく焼き、ツメのうまみ出しにする。

合わせたのは

梵　特別限定純米酒　純米55

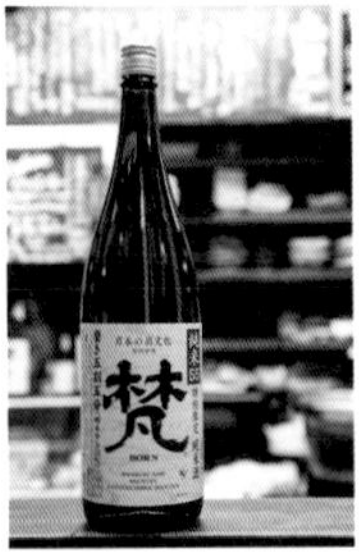

燗にすることでお酒の酸が立ち、あなご煮のやさしく甘いだしの香りと味わいに溶け込んでいく。

相乗からの同調

合資会社 加藤吉平商店／福井／兵庫県特A地区産契約栽培山田錦（麹）・福井県産五百万石（掛）／精米歩合55%／自社9号系／14%以上15%未満／1.8ℓ・2500円

次点

だし巻き卵

合わせたのは

喜久醉　特別純米

喜久醉のやわらかなうまみが、だしの繊細な味わいに寄り添い、包み込んでくれる。

同調

青島酒造株式会社／静岡／山田錦／精米歩合60%／静岡酵母／15～16%／1.8ℓ・2700円

《材料》卵焼き器大1台分

卵……6個
三つ葉……5本(10g)
A　だし……120mℓ
　　みりん……小さじ1
　　薄口しょうゆ……大さじ⅔
サラダ油……適量
大根(すりおろし)……適量
しょうゆ……少々

関西人は大のだし巻き卵好き。
いつも何かしら用意しています。
最強なのは三つ葉と、
ときどき登場するあなご煮入り。
三つ葉は香りと食感が
卵にアクセントをつけます。

《作り方》

1　ボウルに卵を割り入れ、卵白を切るようにほぐし、Aを加えて混ぜ合わせる。三つ葉は2㎝長さに切り、混ぜる。

2　卵焼き器にサラダ油大さじ1を入れて弱火で熱し、油をよくなじませ、余分な油は小さな器に取り出す(とっておく)。**1**の卵液をお玉1杯ほど流し入れて全体に広げ(**a**)、半熟のうちに奥から手前に巻く(**b**)。奥のあいたところに油を塗り、卵焼きを奥にずらし、手前にも油を塗る。手前に卵液をお玉1杯ほど流し入れ、卵焼きの下にも入れる(**c**)。これを数回繰り返して(**d**)焼く。

3　**2**をまきすで巻き、少しおいて落ち着かせ、食べやすい大きさに切る。器に盛り、大根を添え、好みでしょうゆをかける。

明石浦港の新鮮な魚！

明石浦の魚は「昼網」と呼ばれ、昼にセリ落とされた新鮮な魚をその日のうちに味わえるのが特徴。たなか屋では、明石浦の“まえもん”(すぐ近くの海で採れる)の魚をご用意しています。

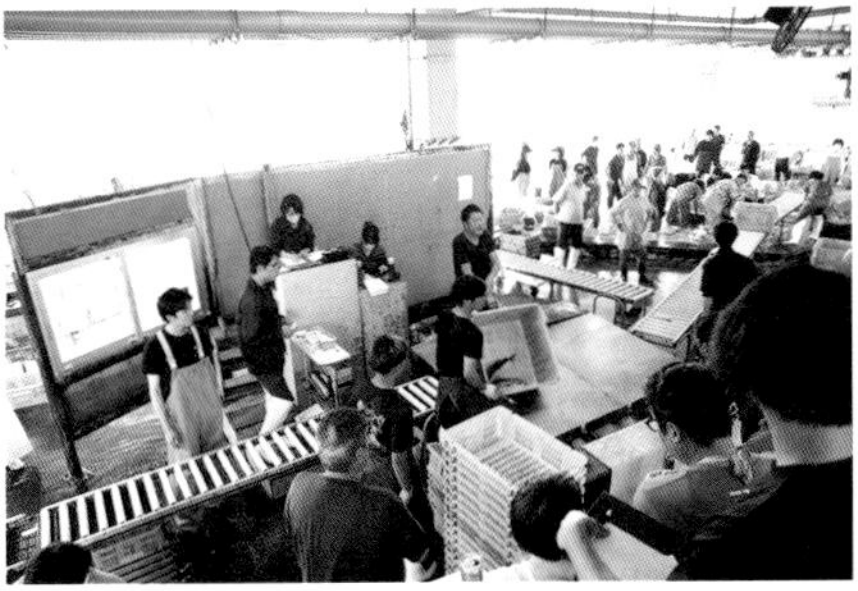

漁協のプール(海水を溜めた生け簀)で、採れたての魚をおろすことも。魚のうまみを逃がさないためにできるだけ真水を使わず、海水で洗う。

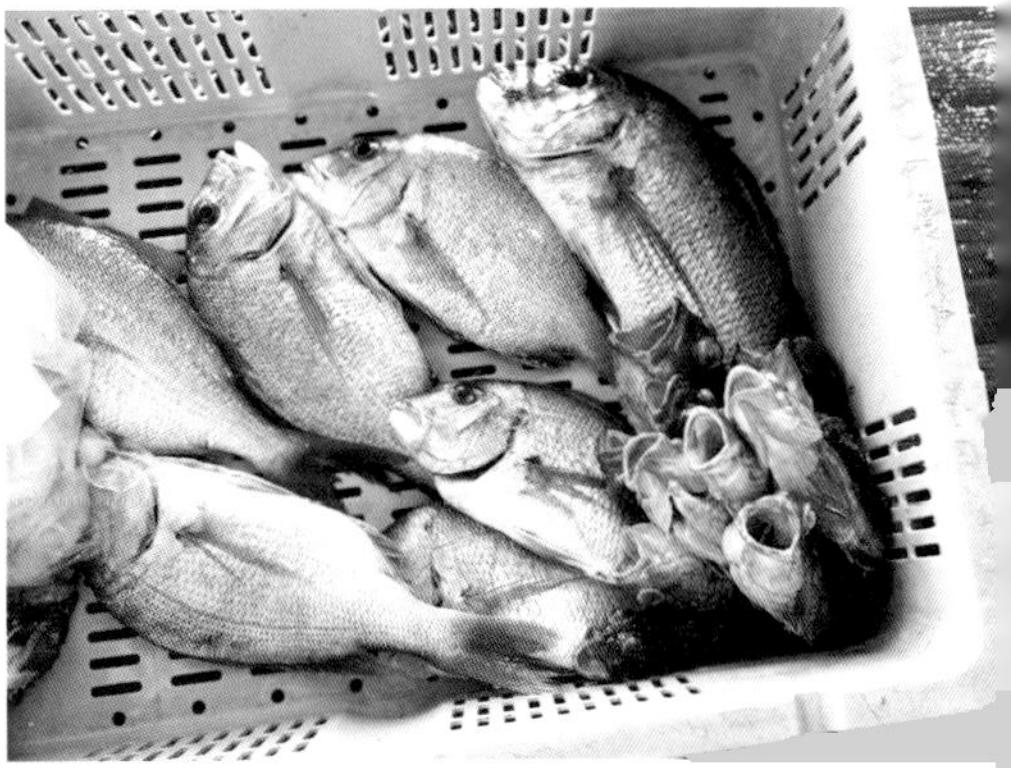

明石のたこ!!

明石といえばたこ！　たこといえば明石！　地元の名物なので、たなか屋でもたこ料理は欠かせません。中でも「たこ煮」はぜひ食べてほしい1品。“鮮度が命”の料理で、生のたこを甘辛い煮汁で炊いていきます。

獲れたてのたこは、

1 **ハリを入れて〆る**

2 **墨を抜く**

3 **塩もみ**(ぬめりと吸盤の汚れを取る)　これが大変 !!

4 **１分ほどゆがく**

5 **急冷する**

たなか屋では、これらすべての作業を
社長や店のスタッフで行う。

冷たくておいしい料理です。
スパイス、ハーブが
きいています。

《**材料**》つまみ4～5人分

ゆでだこ …… 150～200g
紫玉ねぎ …… ½個(100g)
セロリ …… 1本(70g)
ミニトマト …… 10個
A　レモン汁 …… 大さじ1
　魚醤 …… 小さじ1
　ホワイトバルサミコ酢、薄口しょうゆ
　　…… 各大さじ1
　スパイス(マスタードシード、コリアンダーシード、
　　黒粒こしょうなど) …… 適量
パセリ(あれば、みじん切り) …… 適量

《**作り方**》

1　紫玉ねぎ、セロリはみじん切りにし、ミニトマトは半分に切る。ゆでだこは食べやすい大きさに切る。
2　ボウルにAを入れて混ぜ、**1**の水けを拭いて加え、あえる。あれば、パセリをふる。

この料理は明石のたこでないと！
ぜひ、立呑み 田中に
食べに来てください。

《**材料**》作りやすい分量

生たこ(塩もみ済) …… 2kg
A　水 …… 2½カップ
　酒 …… 1カップ
　みりん …… ½カップ
　砂糖 …… 大さじ1
　天然かけじょうゆ*(またはしょうゆ小さじ1)
　　…… 大さじ1
天然かけじょうゆ*(またはしょうゆ小さじ1)
　…… 大さじ1
練りがらし …… 適量

*川中醤油の「芳醇 天然かけ醤油」を使用(p.122 参照)。
しょうゆで代用する場合は⅓量にする

《**作り方**》

1　鍋にAを入れて中火にかけ、煮立ったら、たこを頭を腕や脚で包み込むようにして入れる。落としぶたをし、中火で30～60分(たこによって、時間に差がある)、たこがやわらかくなるまで煮る。
2　味をみて、薄いようなら天然かけじょうゆを足す。練りがらしを添える。

《**材料**》つまみ4人分

じゃがいも …… 3〜4個(500g)
ゆでだこ …… 100〜150g
玉ねぎ(みじん切り) …… ½個(90g)
にんにく(みじん切り) …… 1かけ(10g)
バター …… 10g
塩、こしょう …… 各適量
サラダ油 …… 大さじ½

A 塩、こしょう …… 各少々
砂糖、しょうゆ、天然かけじょうゆ*
(またはしょうゆ小さじ½) …… 各大さじ½

B バター …… 大さじ1強
砂糖 …… 大さじ½

小麦粉、溶き卵、パン粉、揚げ油 …… 各適量
レタス、パセリ(みじん切り)、からし、マヨネーズ(好みで) …… 各適量

*川中醤油の「芳醇 天然かけ醤油」を使用(p.122参照)。しょうゆで代用する場合は⅓量にする

たこコロッケ

ワインに合うたこ料理を、
と考えた、人気のメニュー!

《**作り方**》

1 じゃがいもは皮つきのまま、蒸気の上がった蒸し器に入れ、強火で25〜30分ほど蒸す。

2 じゃがいもを蒸している間に、具材の準備をする。フライパンにバターを溶かし、玉ねぎをしんなりするまで中火で炒め、塩、こしょう各少々をふり、取り出して冷ます。

3 たこは8㎜角に切る。**2**のフライパンをきれいにし、サラダ油、にんにくを入れて弱火で炒め、香りが出てきたら、たこを入れて色が変わったらAで調味する。

4 じゃがいもがやわらかくなったら、熱いうちに皮をむき、Bを加えてなめらかになるまでつぶす。**2**、**3**を加えて混ぜ、塩小さじ½弱、こしょう少々で味を調える。

5 **4**を好みの大きさに丸め、小麦粉、溶き卵、パン粉を順につけ、中温(170℃)に熱した揚げ油で2分ほど揚げ、返してさらに2〜3分揚げる。好みで、レタスを添え、パセリを飾り、からしマヨネーズをつけて食べる。

たなか屋では、できるだけ”まえもん”の魚の鮮度を維持するため、神経締めをしています。神経締めをすると、魚の交感神経が破壊され、動脈が拡張するため、死後硬直を遅らせることができます。そのため、魚の身が割れず、弾力が保てるのです。

毎日、新鮮な〝まえもん〟をご用意しています

私が女将になるまで

Column ①

義父である先代が亡くなってしばらくしたころ、突然、夫(たなか酒店三代目)から「立呑み 田中をやってくれ！」と言い渡されました。子ども三人がまだ小さく(長女が小学生、次女4歳、長男はまだ2歳)、子育て真っただ中のときです。

それまでの立呑み 田中は、先代の義父と義母が二人できりもり。毎日、一品だけ南蛮漬けや〆いわしなどを作っていましたが、基本は乾きモノ中心で、なみなみ注がれたコップ酒をお客様に提供するような店でした。なるべく立呑み屋には近づきたくなかった私が店を!?　三代目である夫も立呑み屋を続ける気なんてまったくなかったはずなのに!?　聞けば、先代が亡くなった途端、「この場所をなくしたらあかん！」「明石の文化を継承したい！」という気持ちがむくむくと出てきたというのです(立呑みは明石の文化です)。「親父は本当はこういう場所にしたかったはずや」と、いきなり木材に言葉を書き綴《つづ》り始めました(現在、店のカウンターの壁にかけてある、あれです。p.47の写真)。三代目曰く、「親父の言葉が降りてきた」のだそうです。

私の性格は、やるか、やらんか、どっちか。夫はもう決めている。やらない選択肢は残されていません。ならば、やるしかない。ただし、やるなら、ちゃんと作った料理を出す店にしたい。とはいえ、当時、料理はまったくの素人です。小学生の頃から家族7人のごはんを作っていましたし、家族や友人に料理を食べてもらうのは好きでしたが、お客さんには何を出したらいいんやろ。わからないことばかりで途方に暮れる中、東京の日本酒の名居酒屋を訪ねると……。その店の店主は、お客さん全員に「お酒、数℃ずつでも上げますよ」と声をかけています。それは「日本酒は温度で味が変化する。そこが日本酒の面白さだよ」というメッセージ。酒屋の私たちが立呑みをやるなら、やはり日本酒の面白さを伝える店がいい。自分たちの目指す店の形が少し見えてきた気がしました。そして、私は本当の意味で腹を括《くく》ることができたんやと思います。

店を始める前は、お義父さんが南蛮漬けを作っているのを見ては「なんで、あんなに手をかけて作るんやろ？」と思っていました。でも、店を始めてからわかったのは、お義父さんは面倒くさい以上にお客さんに喜んでほしい。喜んでもらうことがやりたいことで、それを楽しんでいるだけ。誰かに強制されてではなく、自分がやりたくてやっているから決して面倒ではないんです。「せなあかん」ではなく、私もやりたいことをやろう。やるからには自分が楽しもう！

店の形態を変えると、今までの常連さんからは苦情が殺到。店を改装し、入口をぐっと低くして引き戸をつければ「偉そうにくぐらせやがって！」との批判も受けました。ゼロからではなく、マイナスからのスタートです。悔しい思いもたくさんしました。でも、どんなときも楽しむことを一番に！とやってきて、女将になって今年で20年。今でも夫が書いた先代の言葉が私を導いてくれています。

季節の野菜料理あります。

おひたし・煮びたし4種

おひたし、煮びたしは、旬のおいしい野菜で作ります。かつおだしに肉や魚介などのたんぱく質のうまみを加え、ゆでた野菜を合わせて味を含ませるのがコツ。野菜を別ゆですることで、色美しく、しかも青臭さが抜けると同時にみずみずしさが保たれます。

クレソンとあさりのおひたし

《**材料**》つまみ3〜4人分

クレソン…… 2束(120g)
あさり(殻つき)…… 1パック(200g)
酒…… ¼カップ
A　だし…… 2カップ
　　薄口しょうゆ…… 大さじ1⅓
塩…… 適量
オリーブ油…… 適量

《**作り方**》

1　あさりは塩水(塩は分量外)に1時間ほどつけて砂出しし、殻をこすり洗う。クレソンは5cm長さに切り、熱湯でさっとゆで、ざるにあげて冷水をかけ、水けをきる。

2　鍋にあさり、酒を入れ、ふたをして中火にかける。あさりの殻が開いたら、身と蒸し汁に分け、殻から身を取り出す。

3　別の鍋に**2**のあさりの蒸し汁、Aを入れて煮立て、味をみて塩で調味し、冷ます。

4　**1**のクレソンの水けを絞り、**3**に入れて味を含ませる。オリーブ油をかける。

春に食べたい、大人味！

川津えびをだしに使った、明石の夏メニュー！

とうもろこしとオクラのおひたし

《**材料**》つまみ4～5人分

とうもろこし……1本(400g)
オクラ……1袋(70g)
長いも……100g
川津えび*
……75g(なければ干しえび大さじ1)
A　だし……2カップ
　みりん、薄口しょうゆ
　……各大さじ1½
塩……適量
みょうが(あれば、せん切り)……1本

*川津えび：クルマエビ科のサルエビを、明石ではこう呼ぶ。明石の夏の名産のひとつ。

《**作り方**》

1　とうもろこしは蒸気の上がった蒸し器に入れ、強火で10分ほど蒸す。粗熱がとれたら深めに包丁を入れ、6～7cm長さに削ぐ。オクラは塩少々(分量外)でこすり、熱湯でさっとゆで、7mm厚さの小口切りにする。長いもは6～7mm角に切る。

2　鍋にA、川津えびを殻つきのまま入れて中火にかけ、煮立ったら火を止め、粗熱がとれたら冷蔵庫で冷やし、塩で味を調える。

3　**2**のえびの殻をとり、**1**の野菜を入れる。器に盛り、あればみょうがをのせる。

水菜と牛すじの はりはり

牛すじのコクで
煮汁がおいしい！

《**材料**》つまみ４～５人分

水菜 …… １袋（220g）
牛すじ …… 100g
だし …… ３カップ
砂糖 …… 小さじ１
みりん …… 大さじ２½
薄口しょうゆ …… 大さじ２½
塩、一味または七味唐辛子 …… 各適量

《**作り方**》

1　鍋に牛すじ、たっぷりの水を入れて強めの中火にかけ、アクを取りながら５～10分赤いところがなくなるまでゆでる。流水で丁寧に洗って細切りにする。

2　鍋にだし、**1**を入れ、ふたをして弱火で15～20分、牛すじがやわらかくなるまで煮て、砂糖、みりんを加えて２～３分煮る。薄口しょうゆを加え、味をみて塩で味を調え、火を止めて冷ます。

3　水菜は４～５cm長さに切り、熱湯でさっとゆでてざるにあげ、粗熱がとれたら水けを絞り、冷めた**2**と合わせる。さっと温め、器に盛って一味をふる。

小松菜としめじと 豚バラ肉の煮びたし

豚バラ、松山揚げで
コクをプラス。

《**材料**》つまみ４～５人分

小松菜 …… １袋（300g）
しめじ …… ½パック（80g）
豚バラ薄切り肉 …… 50g
だし …… １½カップ
松山揚げ* …… 適量
A　薄口しょうゆ …… 大さじ１⅓
　　みりん …… 大さじ１
塩 …… 適量
ごま油 …… 数滴

*愛媛名産の油揚げ。サクサク食感が持ち味で、火を通さずに食べられる

《**作り方**》

1　しめじは石づきを落としてほぐし、豚肉は2cm幅に切る。

2　鍋にだし、**1**を入れて中火にかけ、具材に火が通ったらAを加え、煮立ったら火を止め、松山揚げを加えて冷ます。

3　小松菜は４～５cm長さに切り、熱湯で茎、葉の順にさっとゆでてざるにあげ、粗熱がとれたら水けを絞る。**2**に加えてさっと温め、塩で味を調える。器に盛り、ごま油をたらす。

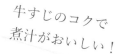

かぼちゃのスパイスマリネ

つまみになりにくいかぼちゃが、
スパイスで一気に酒がすすむ一品に昇格。
仕上げにジャッ！と熱々のにんにくオイルを
かけると食欲が出るだけでなく、
全体がまとまる気がします。

《材料》つまみ４〜５人分

かぼちゃ …… ½個（約700g）
マリネ液
　ホワイトバルサミコ酢
　　…… ¾カップ
　ピクリングスパイス* …… 小さじ２
　薄口しょうゆ …… 小さじ２弱
　魚醤、カレー粉、レモン汁
　　…… 各小さじ１
　レッドチリペッパー（または一味）
　　…… 小さじ½
揚げ油 …… 適量
A　にんにく（みじん切り）…… ３かけ（40g）
　オリーブ油 …… ¼カップ
パセリ（みじん切り）…… 適量

*ピクリングスパイスは、コリアンダーシード、粒こしょう、マスタードシード、レモングラスなどが入ったピクルス用のミックススパイス

《作り方》

1　バットにマリネ液の材料を入れ、よく混ぜる。

2　かぼちゃは種とワタを取り除き、７〜８㎜厚さのくし形に切る。中温（170℃）の揚げ油に入れ、やわらかくなるまで揚げる。熱いうちに**1**に漬ける。

3　小鍋にAを入れて中火にかけ、うす煙が出て、にんにくがきつね色になったら（火傷に注意）、熱いうちに**2**にかけ、パセリをふる。

口直しにちょうどいい、お酒に合うサラダです。
夏の柑橘・すだちをキュッと搾ると、
清々しい香りが加わり、めっちゃおいしくなりますよ。

水なすのサラダ

《材料》つまみ4人分

水なす……1個
青じそ……2枚
みょうが、しょうが(せん切り)……各20g
すだちの果汁……1個分
薄口しょうゆ……大さじ1
オリーブ油……少々

《作り方》

1 水なすは皮をまだらにむき、縦半分に切って薄切りにする。ボウルに入れ、すだち果汁の半量をかけ、色止めする。青じそは細切りにする。

2 ボウルに水なす、みょうが、しょうがを入れ、薄口しょうゆであえる。

3 器に盛り、青じそをのせ、オリーブ油を回しかけ、残りのすだち果汁をかける。

「季節の野菜料理あります。」

野菜のアーリオオーリオ

立呑み 田中のアーリオオーリオは、たっぷりのオリーブ油ににんにくの香りをつけ、薄口しょうゆ、魚醤、塩で味つけ。そのオイルで野菜をやわらかく煮たり、さっとゆでた野菜をあえたりします。野菜を洋風に食べたいときにおすすめのメニュー。

ねぎがつるりでとろり！

白ねぎ アンチョビーオイル

《**材料**》つまみ4～5人分

長ねぎ …… 3本(300g)
アンチョビーフィレ …… 4枚(20g)
にんにく(つぶす) …… 1かけ(10g)
赤唐辛子(種を除く) …… 1本
オリーブ油 …… ½カップ
A　薄口しょうゆ、魚醤 …… 各小さじ1
　　塩 …… 少々
パセリ(みじん切り)、粗びき黒こしょう、
　ピンクペッパー、魚醤(好みで) …… 各適量

《**作り方**》

1　長ねぎは5cm長さに切る。
2　フライパンにオリーブ油、にんにく、赤唐辛子を入れ、弱火で5～6分炒めて、オイルに香りを移す。アンチョビを加えて軽くつぶし、Aで調味する。
3　**2**に**1**を入れ、ふたをして弱火で15～20分蒸し煮にする。
4　器に盛り、好みでパセリ、粗びき黒こしょう、好みでピンクペッパーをふり、魚醤を数滴たらす。

ホクホク食感が楽しい

カリフラワーとブロッコリーのアーリオオーリオ

《**材料**》つまみ4～5人分

カリフラワー …… 小½個(150g)
ブロッコリー …… 1個(300g)
にんにく(みじん切り) …… 2かけ(20g)
赤唐辛子(種を除く) …… 1本
オリーブ油 …… ½カップ
A　魚醤 …… 小さじ2
　　薄口しょうゆ …… 小さじ1
　　塩 …… 少々
魚醤 …… ひとたらし
ピンクペッパー（好みで） …… 適量

《**作り方**》

1　カリフラワー、ブロッコリーは小房に分け、熱湯でかためにゆでる。ざるにあげ、水けをペーパータオルでよく拭く。
2　鍋にオリーブ油、にんにく、赤唐辛子を入れて弱火にかける。にんにくがきつね色になってきたらAで調味する。
3　**2**に**1**を加えてさっと混ぜ、仕上げに魚醤をひとたらしする。器に盛り、好みでピンクペッパーをふる。

はじめての日本酒、さて何を呑む？

日本酒を呑んでみたい！
でも、何を呑んだらいいのかわからない……。
そんな人は、まずはここから始めてみませんか？

◆酒のデータは、蔵元／県／酒米／精米歩合／酵母／アルコール度数／希望小売価格（税別）2023年10月現在

はじめての方におすすめ！ まずはこの1杯から……

風の森 ALPHA1 次章への扉

「うまみ、米の甘み、酸味のバランスがよく、日本酒がはじめての人にも呑みやすい。軽快な酒！」◎油長酒造株式会社／奈良／秋津穂／精米歩合70%／7号系酵母／14%／720㎖・1360円

もっと甘い酒が呑みたい！ 人には

甘い中でも華やかな酒が好みなら！

仙介 純米大吟醸 無濾過生酒原酒

「華やかなラフランスのような香りが漂い、上品な甘みが全体を包み込む酒」◎泉酒造株式会社／兵庫／兵庫県産山田錦／精米歩合48%／非公開／16%／720㎖・2050円

甘い中でもジューシーな甘みと酸がしっかりあるタイプが好みなら！

富久錦 純米 Fu.

「低アルコールでも味が濃く、甘みと酸のメリハリが楽しいお酒」◎富久錦株式会社／兵庫／兵庫県加西市産キヌヒカリ／精米歩合70%／きょうかい9号／8%以上9%未満／500㎖・1100円

もっと辛い酒が呑みたい！　人には

辛い中でも昔ながらの（変わらぬ）本格辛口が好みなら！

早瀬浦　本醸造　辛口原酒

「力強い乳酸のうまみ、米ぬかの穏やかな香り、後口はぐっと辛いお酒」 ◎三宅彦右衛門酒造有限会社／福井／五百万石／麹米 70%　掛米 55%／非公開／ 18%／ 720mℓ・1400 円

辛い中でも華やかな香りがある酒が好みなら！

大信州　超辛口純米吟醸

「熟したりんごのような香りと米のうまみのバランス。後口は“辛い”というよりスッとキレる」 ◎大信州酒造株式会社／長野／長野県産契約栽培米「ひとごこち」／精米歩合 59% ／非公開／ 16%／ 720mℓ・1700 円

もっと重い酒が呑みたい！　人には

重い中でも個性的な酸があるのが好みなら！

菊姫　山廃純米　無濾過生原酒

「あふれるうまみと山廃の乳酸由来の酸の特徴がどしっとくる飲みごたえのある酒」 ◎菊姫合資会社／石川／吉川町（特 A 地区産）山田錦／精米歩合 70% ／自家酵母／ 19%／ 720mℓ・1800 円

重い中でもスマートな酒が好みなら！

惣誉　生酛仕込　特別純米　蔵出し　生原酒

「口の中に入れるとジュワッとくる米の甘みとうまい酸、後口はキレがあり、盃が止まらない」 ◎惣誉酒造株式会社／栃木／兵庫県特 A 地区産山田錦／精米歩合 60% ／自家酵母／ 17%／ 720mℓ・1800 円

もっとすっきりした酒が呑みたい！　人には

THE 淡麗のすっきりが好みなら！

久保田　百寿　特別本醸造

「あらあらしさや引っ掛かる部分がなく、まさに水の如し！」 ◎朝日酒造株式会社／新潟／五百万石／精米歩合 60% ／非公開／ 15%／ 720mℓ・1020 円

最新の NEW！淡麗辛口が好みなら！

MIYASAKA　美山錦　純米吟醸　中取り

「さまざまな料理と合わせやすく、家庭料理にも寄り添ってくれる。香りも派手すぎず、後口はスッと消える。よい意味での「八方美人」な酒」 ◎宮坂醸造株式会社／長野／美山錦／精米歩合 55% ／ 7 号酵母自社株／ 15%／ 720mℓ・1560 円

ちびっと
つまむアテ。

合わせたのは（自家製からすみ）

鶴齢山田錦　純米生原酒

新潟の芳醇辛口。米のうまみと酒のキレが、からすみの塩味を甘みに変え、これだけで朝まで飲める。

相乗

青木酒造株式会社／新潟／山田錦／精米歩合65％／酵母非公開／17％／1.8ℓ・3080円

合わせたのは（いかなご釘煮）

清酒　八海山

釘煮の甘辛いしょうゆ味とお酒が合わさり、うまみを膨らませ、後口をすっとキレイに流してくれる。

洗い流す

八海醸造株式会社／新潟／五百万石／精米歩合60％／協会701／15.5％／1.8ℓ・2030円

◆酒のデータは、蔵元／県／酒米／精米歩合／酵母／アルコール度数／希望小売価格（税別）2023年10月現在
◆各料理に合わせた日本酒は、p.66の「**同調**」「**相乗**」「**洗い流す**」の考えに基づいています。詳しくはp.66を参照ください。

立呑み 田中の
自家製からすみは、
春にさわらで作ります。
研究熱心なスタッフが
試行錯誤しながら作っています。

先代はいかなご釘煮の名人。
この季節（2月末〜4月）を待ってました！
というお客さん多数。

合わせたのは

大信州　ＧＩ長野　金紋錦

いぶりがっこと奈良漬け、クリームチーズ、それぞれの個性を大信州のやさしい香りが包み込む。余韻が最高のマリアージュ。

相乗

大信州酒造／長野／長野県産契約栽培米「金紋錦」／精米歩合 非公開／非公開／16％／720mℓ・2400円

食感と香りの違う、漬けもの２つを
クリームチーズに混ぜるだけ。
クリーミーなチーズの中に
コリコリとした
食感がアクセントになり、
酒がぐいぐい進みます。

いぶりがっこ奈良漬けのクリームチーズあえ

《材料》作りやすい分量

いぶりがっこ …… 50g
奈良漬け …… 30g
クリームチーズ …… 200g
粗びき黒こしょう、
クラッカー …… 各適量

《作り方》

1 クリームチーズは常温に置く。

2 いぶりがっこ、奈良漬けは３㎜角に切る。

3 **1**に**2**を混ぜ、粗びき黒こしょうをふる。クラッカーにのせて食べる。

合わせたのは

車坂　山廃純米大吟醸

このお酒の持つ後口のキレのよさが、ひね鶏の脂を洗い流し、もう一口、もう一杯呑みたくなる。

洗い流す

株式会社吉村秀雄商店／和歌山／山田錦／精米歩合50％／1401酵母／16%／1.8ℓ・3700円

年老いた＝ひねた鶏の肉はかたいので
蒸してやわらかくし、
脂が多いからあっさりポン酢で食べる。
食材を無駄なく食べる知恵が詰まった、
兵庫発祥の料理です。
常連さんにも、初めてさんにも人気。

ひねポン

《**材料**》作りやすい分量

親鶏もも肉 …… 2枚(400g)
塩 …… 小さじ1
こしょう …… 少々
にんにく(すりおろし) …… 1かけ
大根(すりおろし)、ゆずこしょう、
　青ねぎ(小口切り)、ポン酢 …… 各適量

《**作り方**》

1　鶏肉は余分な脂を取り除き、塩、こしょう、にんにくを全体に塗る。

2　蒸気の上がった蒸し器に**1**を皮目を下にして入れ、強火で15分ほど蒸して火を通し、粗熱がとれたら冷蔵庫で冷やす。

3　**2**を薄く切って器に盛り、大根、ゆずこしょうを添え、青ねぎを散らし、ポン酢をかける。

明石を代表するハリイカ。
刺身で出した残りの肝を
しょうゆ漬けにして
まかないにしていたところ、
おいしすぎてメニュー入り。
新鮮だからこそ作れる、
夏だけのお楽しみです。
お客さんが取り合いするほどの人気！

合わせたのは

玉川　自然仕込 純米酒 雄町（山廃）
無濾過生原酒

肝漬けには、その濃厚なおいしさに負けないくらいパンチのある重厚な酒を。合わせることで、口の中の肝漬けのパンチがおさまり、余韻が広がる。

同調

木下酒造有限会社／京都／赤磐雄町／精米歩合 66％／蔵付き酵母／19％以上20％未満／1.8ℓ・3200円

ハリイカの肝沖漬け

《材料》作りやすい分量

新鮮なハリイカの肝……160g
A　煮きりみりん*、しょうゆ……各大さじ1⅔
青じそ、塩、レモン……適量

*立呑み 田中の「煮きりみりん」は、みりん1カップ、砂糖25gを加熱し、アルコール分をとばしたもの。

《作り方》

1　ハリイカの肝は熱湯でさっとゆで、氷水に入れて急冷する。
2　ボウルにAを入れて混ぜ、**1**の水けを拭いて1時間ほど漬ける。
3　器に盛り、青じそを添え、好みで塩、レモンを添えて。

合わせたのは

大倉　陽の光　山廃純米
直汲み無濾過生原酒

酸味とからしがきいた「立呑み 田中」のぬたに、米のうまみと力強い酸のある陽の光がきちんと寄り添う。

相乗

株式会社大倉本家／奈良／自家栽培ひのひかり／精米歩合 70%／きょうかい 701 号／17％以上18%未満／1.8ℓ・2400円

みそと砂糖をよくすり合わせるため、
ぬたみそは必ずすり鉢で作ります。
からしは、あえる直前に！
風味と辛みを立たせるためです。
魚介は他に、
ハリイカ、いかのゲソなどでも。

ぬた

《**材料**》作りやすい分量

ゆでほたるいか …… 40g
九条ねぎ（またはわけぎ） …… 1束（50g）
ぬたみそ
　白みそ …… 85g
　砂糖、酢 …… 各小さじ1⅓
　天然かけじょうゆ*（またはしょうゆ小さじ⅓） …… 小さじ1
　練りがらし …… 大さじ1
ゆずの皮（せん切り） …… 適量

*川中醤油の「芳醇 天然かけ醤油」を使用(p.122 参照)。しょうゆで代用する場合は ⅓ 量にする

《**作り方**》

1　九条ねぎは5cm長さに切り、熱湯でさっとゆで、冷水で冷やして水けをきる。

2　すり鉢にぬたみその白みそ、砂糖を入れてすり混ぜ、具をあえる直前に残りの材料を加えて混ぜる。

3　**1**の水けを絞り、ほたるいかと共に**2**に入れ、あえる。器に盛り、ゆずの皮をのせる。

明石のある兵庫はのりの生産量が全国2位。
立呑み 田中では、
1月ごろに採れる生のりで佃煮を作ります。
ここでは、焼きのりで作る方法をご紹介。
残ってしけた焼きのりでも
おいしくできますよ。

のりの佃煮

《材料》作りやすい分量

焼きのり …… 5枚
水 …… 1カップ
みりん、しょうゆ …… 各大さじ2
砂糖 …… 小さじ2
青じそ、わさび …… 各適量

《作り方》

1 鍋に焼きのりをちぎり入れ、分量の水、みりん、砂糖を入れ、ときどき混ぜながら弱火で15～20分煮る。
2 木べらなどでなぞり、線が消えずに残るくらいになったらしょうゆを加え、弱火でさっと煮てなじませる。
3 器に青じそを敷いて**2**を盛り、わさびを添える。

芳醇な酒粕をまとったクリームチーズが
黒豆を格上げし、
まるでスイーツのような味わいに。
おせちの黒豆が残ったときも、
チーズを合わせたらいくらでも
お酒が呑めます。

黒豆と酒粕クリームチーズ

《材料》 2人分

黒豆煮（市販でも） …… 適量
酒粕クリームチーズ …… 適量

《作り方》

1 酒粕クリームチーズは1.5㎝角に切る。
2 器に黒豆の甘煮と**1**をそれぞれ盛り、一緒に食べる。

酒粕クリームチーズ
銘酒、鏡山の蔵元で作っているクリームチーズ。
75 g 556円／小江戸鏡山酒造株式会社

合わせたのは（黒豆と酒粕クリームチーズ）

菊姫　にごり酒

クリームチーズのやさしい乳酸とにごり酒の米の甘みが互いに寄り添い合う。

同調

菊姫合資会社／石川／兵庫県吉川町（特A地区）産山田錦／精米歩合70%／非公開／14%〜15%／1.8ℓ・2080円

合わせたのは（のりの佃煮）

神吉　純米吟醸　生原酒

白桃をイメージする甘い香りに、のりの持つ磯の風味がなぜかマッチする不思議なマリアージュ。

相乗

合名会社岡田本家／兵庫／兵庫夢錦／精米歩合60%／非公開／16%／720mℓ・1500円

合わせたのは（野菜の浅漬け）

来楽　純米吟醸

この酒の持つ上品な香りと甘みが、野菜の甘さをぐっと引き出してくれる。

相乗

茨木酒造合名会社／兵庫／兵庫県産山田錦（麹）・兵庫県産五百万石（掛）／精米歩合58%／AB-2、K901／15%／1.8ℓ・2690円

サラダ感覚で食べる、浅漬け。
とりあえずの1品として、
ここから始める人も多いんです。
保存袋に材料を入れて
冷蔵庫で漬けておくと、翌日には
野菜の甘みが出ておいしくなります。

野菜の浅漬け

《材料》作りやすい分量

カリフラワー……小½個（150g）
かぶ……2個
A　昆布……5cm角1枚
　赤唐辛子（種を除き、小口切り）……1本
　水……1カップ
　薄口しょうゆ……大さじ2½
ゆずの皮（すりおろす）……適量

《作り方》

1　かぶはくし形に切り、カリフラワーは小房に分ける。Aの昆布は細かく切る。
2　保存袋に**1**、Aを入れ、空気を抜いて口を閉じ、冷蔵庫へ。半日後から食べられるが、翌日がベスト。器に盛り、ゆずの皮をかける。

立呑み 田中の考える「食」と「呑」のマリアージュ

お客さんから「この料理に合うお酒をください」とのオーダーを受けるとき、いつも私たちは料理を口に入れたときをイメージし、甘いお酒が合うだろうか？　酸のあるお酒が合うだろうか？　辛いお酒？　フルーティなお酒？……という感じで、一つに絞っていきます。今までいろいろな酒を呑んだ経験もかなりの手助けをしてくれますが、お客さんによりわかりやすいように**口内マリアージュの指針となる3つを掲げました。**p.10～37やp.58～65で合わせている酒も、この考え方に基づいて選んでいます。

料理と日本酒の口内マリアージュを楽しむ、おまかせ SUNDAY(カバー裏参照)の様子。

3つの合わせ方

1 同調

似ている味わいや甘み、酸味を持つ酒と料理が、口の中でなじんで手をつなぐような関係。酸味の中にはフルーツの酸味と乳酸の酸などがあり、それぞれ味わいが違うため、酸味の種類を合わせる。例えば、クリーム煮には山廃や生酛などの乳酸の味わいが立っている酒を合わせる。

2 相乗

タイプの違う酒と料理が合わさることで別のおいしさを生む関係。そのままでも十分おいしい料理が、酒を呑むことで全体がよりまとまることがある。塩辛い料理に芳醇な辛口を合わせると、甘みも感じられるようになるのがいい例。

3 洗い流す

料理の余韻に合わさり、抱き込み、口の中をさっぱりさせ、「次に行かせてくれる」「切り替え」のためのお酒。クセの強い料理、油っぽい料理のときに使う方法。例えば、天ぷらなどのオイリーな料理にキレのある酒を合わせると、口の中がリセットされて次の料理に向かわせてくれる。

基本の料理別、口内マリアージュ

刺身

◎白身→繊細な味を邪魔しない、すっきりした辛口の酒。「**早瀬浦　純米火入れ**」など。

◎赤身→鉄分の酸に寄り添うような酒。「**亀泉 特別純米 火入れ**」など。

◎トロ系→甘みを出すなら「**車坂 純米大吟醸生**」、後口をサッパリさせるなら「**車坂 山廃 純米吟醸**」など。

◎貝類→貝の持つ磯の香りがより引き立つ、燗《かん》にしてもうまい酒。「**千代むすび　純米強力60**」や「**惣誉 純米吟醸**」など。

香ばしい焼き物→香ばしく焼いたときに出てくる魚の脂をスパッと!!「**まんさくの花　特別純米　うまからまんさく**」など。

だしのきいた上品な料理→ほどよい辛さがだしの甘みを引き立たせるお酒。「**谷川岳　純米　超辛**」など。

和風の甘辛味→ぽってりとした甘さと同じ雰囲気を持つ、香りあるお酒。「**作　玄乃智純米**」など。

チキン南蛮のような甘酸っぱい料理→甘くて酸っぱいオイリーな味わいにも負けないお酒。「**雪彦山　純米生原酒**」など。

ハンバーグ、ビーフシチューなど洋風の濃厚味→洋食のこってりしたソースと伴走してくれる香り豊かなお酒。「**旦　純米吟醸　生原酒**」など。

納豆など臭みのあるもの→安全パイなら「**惣誉　生酛　特別純米**（**火入れ**）」、面白い出会いを楽しみたいなら「**花巴 NEW HANATOMOE**」など。

チーズを使った料理→吟醸香とチーズのさまざまな味わいがとても合う。「**鏡山　生酛　純米吟醸生**」など。

エスニック料理→さわやかなハーブの清涼香とフルーツを感じる甘みのあるお酒。「**嘉美心　真夏の果実　純米吟醸無濾過生原酒**」など。

スパイス料理→酸とうまみのバランスが整っているお酒。「**純青　播州雄町　生もと純米吟醸**」など。

中華料理→やや熟成したようなナッツ香やスパイシーさがある酒。「**竹泉　黒松純米酒**」など。

みその料理→穀物感のある味わいのお酒は、みそ味に間違いなく合う。「**一念不動　生酛　特別純米**」など。

地味だけどウマイ、おばんざい。

牛すじと里いもの煮っころがし

関西のソウルフード、牛すじと
ねっとり感がおいしい里いもは相性よし。
牛すじから出た脂が溶け出て煮汁がおいしくなるので、
おだしたっぷりで提供しています。
最後まで飲んでもらえるとうれしい気持ちになります。

《材料》つまみ3〜4人分

牛すじ …… 150g
里いも …… 8個(400g)
しょうが(薄切り) …… 小1かけ(7.5g)
長ねぎ(青い部分) …… ½本分

A
だし …… 3カップ
みりん …… ¼カップ
砂糖 …… 大さじ1⅓
薄口しょうゆ …… 大さじ2

《作り方》

1 鍋に牛すじ、たっぷりの水を入れて中火にかけ、煮立ったらアクを取りながら5〜10分、赤いところがなくなるまでゆで、ざるにあげる(ゆでこぼす)。流水で丁寧に洗い、一口大に切る。

2 鍋に1の牛すじ、たっぷりの水、しょうが、長ねぎを入れて中火にかけ、煮立ったらアクを取り、やわらかくなるまで30分ほどゆでる。

3 里いもは皮をむき、水からゆでてぬめりを取る。

4 2のしょうが、長ねぎを取り除き、3、Aの薄口しょうゆ以外を加えて中火にかけ、煮立ったらアクを取り、ふたをして弱火で20〜25分煮る。里いもに竹串がスーッと通るくらいになったら薄口しょうゆを加え、さらに10分煮る。好みで、練りがらしをつけて食べる。

わけぎとゆずのおから

《**材料**》作りやすい分量

おから …… 1袋(250g)
干しえび …… 15g
鶏もも肉 …… 100g
れんこん …… 100g
しめじ …… ½パック(125g)
にんじん …… ½本(90g)
わけぎ …… 1束
サラダ油 …… 大さじ1

A だし …… 3カップ
　みりん …… ½カップ
　砂糖 …… 大さじ2
薄口しょうゆ …… 少々
ゆずの皮(せん切り)、一味(好みで)
…… 各適量

しっとり仕上げたいから、だしをたっぷり使い、
おからにじわじわと含ませながら炊いていきます。
こうすると、汁がなくなると同時に
素材のうまみも出てくるんです。

《**作り方**》

1 干しえびはひたひたの水につけて戻し、粗めに刻む。

2 れんこんは5㎜角に切り、水にさらして水けをきる。しめじは石づきを落としてほぐし、5㎜幅に切る。にんじんは5㎜角に切る。鶏肉は余分な脂を取り、5㎜角に切る。

3 鍋にサラダ油を熱し、**2**を入れて中火で炒める。全体に油が回ったらA、おから、**1**を戻し汁ごと加え、弱火にして全体をよく混ぜながら炒り煮にし、汁けがなくなったら(20〜25分)、火を止める。粗熱がとれたら冷蔵庫で冷やす。

4 わけぎは熱湯でさっとゆで、粗熱がとれたら5㎜幅に切り、水けを絞る。

5 **3**に**4**、ゆずの皮を加え、薄口しょうゆを混ぜて味を引き締める。器に盛り、好みで一味をふる。

絹厚揚げと半熟卵

きつねうどんのきつねのように
厚揚げを甘辛く炊き、半熟卵を添えて出す、
20年来のメニュー。
赤唐辛子で甘い煮汁をピシッと引き締めると
酒のつまみに。

《材料》つまみ4人分

絹厚揚げ …… 2枚(400g)
卵 …… 4個
煮汁
　だし …… 1½カップ
　みりん、砂糖 …… 各大さじ1
　赤唐辛子(種を除く) …… 1本
　天然かけじょうゆ*(またはしょうゆ小さじ1) …… 大さじ1
　しょうゆ …… 大さじ1½

*川中醤油の「芳醇 天然かけ醤油」を使用(p.122参照)。
しょうゆで代用する場合は⅓量にする

《作り方》

1　厚揚げは対角に切って三角形にし、熱湯でさっとゆでて油抜きし、水けをきる。

2　半熟卵を作る。鍋にたっぷりの湯を沸かし、煮立ったら卵を静かに入れ、7分30秒ほどゆで、冷水にとって殻をむく。

3　鍋に煮汁のだし、みりん、砂糖、赤唐辛子を入れて中火にかけ、煮立ったら**1**を入れ、天然かけじょうゆを加えて弱火で10分ほど煮る。しょうゆを加え、味を調える。器に盛り、半熟卵を添える。好みで、おろししょうが、青ねぎ、一味をトッピング。

a

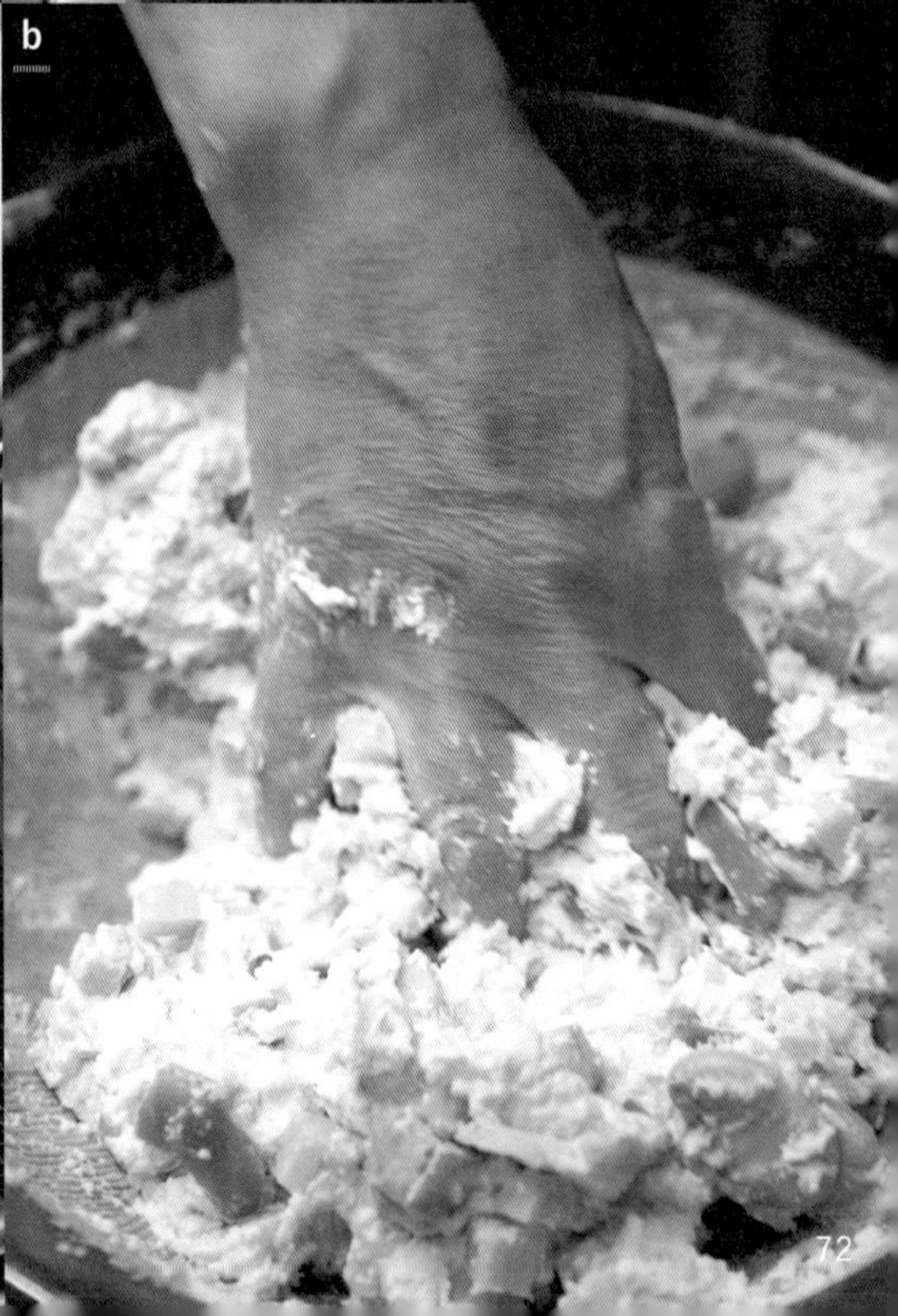
b

c

d

豆腐に入れる具が
彩り豊かなことから、
「宝石箱！」と呼ぶお客さまも。
豆腐は水分があるとベチャッとし、
揚げたときにサクッとしないので、
しっかり水きりすることが
最大のポイントです。

揚げだしがんも

《材料》 6個分

木綿豆腐 …… 1丁(300g)
中に入れる野菜＊
　そら豆(さやつき) …… 3本(正味30g)
　スナップえんどう …… 3本
　アスパラガス …… 1本
　ゆでたけのこ …… 60g
　長いも …… 40g
　絹さや …… 3個
　しょうが …… 1かけ(10g)
A　長いも(すりおろし) …… 25g
　塩 …… 小さじ¾
　薄口しょうゆ …… 小さじ½
　片栗粉 …… 大さじ1
片栗粉 …… 適量
揚げ油 …… 適量
つけ汁
　だし …… 2カップ
　みりん、薄口しょうゆ
　　…… 各大さじ2
大根(すりおろし)、一味 …… 各適量

＊中に入れる野菜は、
左記の中から4～5種類でOK。
食感のいいたけのこ、長いも、
香りのいいしょうがはマスト。
そこに彩りを添える緑の野菜を2種類くらい。

《作り方》

1　豆腐はペーパータオルを二重にして包み、重しをして1時間以上、できたら5～6時間おいてしっかり水きりする。

2　中に入れる野菜は、そら豆はさやと薄皮をむき、他の野菜は5㎜～1㎝角に切る。

3　すり鉢に**1**を入れ、なめらかになるまですり混ぜ(a)、Aを入れてさらに混ぜる(b)。**2**に片栗粉をまぶして加え、混ぜる。

4　揚げ油を低温(160℃)に熱し、**3**を6等分にして丸めて入れ、最初はさわらず、表面が固まったら返して計10分ほど揚げる(c、d)。

5　小鍋につけ汁の材料を入れて中火にかけ、煮立ったら火を止める。器に盛った**4**にかけ、大根をのせ、一味をふる。

れんこんと豚バラ肉の粒マスタードきんぴら

《**材料**》つまみ2～3人分

れんこん …… 1節(150g)
豚バラ肉(焼き肉用) …… 50g
オリーブ油 …… 大さじ½
塩 …… 適量
A　みりん …… 大さじ1
　　薄口しょうゆ …… 小さじ1強
はちみつ …… ひとたらし
粒マスタード …… 大さじ1
パセリ(あれば、みじん切り) …… 少々

マスタードの酸味と
はちみつがきいた、
洋風きんぴらです。
きんぴらには
肉やじゃこのような
うまみ素材をプラスすると、
お酒に合う味になります。

《**作り方**》

1　れんこんは5㎜厚さの輪切りに、大きい場合は半月切りにし、水にさらして水けをきる。豚肉は3～4㎝幅に切る。

2　フライパンにオリーブ油を熱し、豚肉に塩少々をふって中火で炒める。豚肉の色が変わったら、れんこんを加えて強めの中火で炒め、塩少々をふる。

3　全体に油が回ったらAを加え、ふたをして中火で炒め煮にし、れんこんが半透明になったらはちみつを加える。火を止め、粒マスタードを加えて全体に混ぜる。器に盛り、あればパセリをのせる。

セロリとじゃこのきんぴら

セロリは苦手だけど、これなら食べられる！
というお客さんも。
セロリは味が入りにくいので、
作ったらしばらくほうっておくと
味がしゅんでる(＝染みている)。
この時間が大事なんです。

《材料》つまみ４～５人分

セロリ……大２本(250g)
ちりめんじゃこ……10g
赤唐辛子(種を除き、小口切り)……１本
オリーブ油……大さじ１
A｜みりん……大さじ２
　｜薄口しょうゆ……大さじ１
白いりごま……適量

《作り方》

1　セロリは筋を取り、１cm幅４cm長さに切る。

2　フライパンにオリーブ油を熱し、ちりめんじゃこ、赤唐辛子を入れて弱火で炒める。

3　ちりめんじゃこがカリカリになったらセロリを加え、強火で2分ほど炒め、半透明になったらAを加えて汁けがほぼなくなるまで炒め煮にする。仕上げに白ごまを加え、混ぜる。

●地味じゃないけど…あると便利な

しょうゆチャーシュー

《**材料**》作りやすい分量

豚肩ロースかたまり肉……500g

サラダ油……大さじ1

A
- 酒、水……各1カップ
- みりん……½カップ
- 砂糖……大さじ3
- 天然かけじょうゆ*（またはしょうゆ大さじ1）……大さじ3
- しょうゆ……大さじ1
- 長ねぎ（青い部分）……1本分
- しょうが（薄切り）……大1かけ（15g）
- にんにく（つぶす）……1かけ
- 赤唐辛子（種を除く）……2本

しょうゆ……大さじ½

*川中醤油の「芳醇 天然かけ醤油」を使用（p.122 参照）。
しょうゆで代用する場合は⅓量にする

豚肉の表面を焼きつけたら、調味料を加えて中火で炊く。
一つの鍋でできる簡単な料理です。
余熱で火を入れて肉感を存分に味わう
チャーシューです。

《作り方》

1 豚肉にたこ糸を巻き、全体を縛る。

2 鍋にサラダ油を熱し、豚肉を入れ、中火で全体を焼きつける。

3 **2**の余分な脂をペーパータオルで拭き取り、Aを加え、落としぶたをして中火で30分ほど、ときどき上下を返しながら煮る。

4 豚肉を取り出し、アルミホイルをかけてふきんなどで包み、45分～1時間おいて余熱で火を通す。

5 **4**の鍋に残った野菜を取り除き、煮汁を弱めの中火にかけ、とろりとしてきたらしょうゆを加え、1/4量くらいになるまで煮詰める。器に盛った豚肉に煮汁をかける。

ごはんにのせ、きゅうりやキャベツを添え、
半熟ゆで卵を添え、煮豚の煮汁をかける。

食べやすく切り、白髪ねぎをのせ、
練りがらしを添えて。

Column ②

メニューあっての食材ではなく、食材あってのメニュー

立呑み 田中では、この料理を作るためにと食材を選ぶのではなく、食材を選んでからメニューを決めていきます。自分ならこの食材をどう食べたいか？ この場所でこの気温でこの湿度で、今日は何が食べたいかな？ その答えが見つかるまでは食材をじーっと見つめます。例えば、おいしそうなたこが手に入ったら……。私は夏でもおでんを食べるのが好きやし、牛すじと炊いたらおいしいやろな。とうもろこしを入れたら彩りもきれいやし……。お客さんに出しているところをイメージして喜ぶ顔が浮かび、スタッフに「ええですね〜！」なんていわれてやっと「じゃあ、おでんにしよ！」と、その日のメニューが決定します。

使い方がわからない食材を買ってくることも度々。フェンネルもそのひとつ。あまりにもきれいだったので、何かに使えないかな？ と。店に戻ってスタッフに相談したら、「中国にはフェンネルをたくさん入れた水ギョーザがありますよ」と教えてくれて……こんな風に新しい食材から新メニューが生まれることがよくあります。全然知らない食材を見たら、どんな料理にしたらおいしいんかな〜と考えるのが楽しくてしょうがないんです。どんなお酒に合わせられるんかな〜と。市場でも、食材を見つめながら「この食材は何にしてほしいんかな〜」「こんなんやったら、できるかな〜」と身振り手振りでエア料理しているので、かなりおかしな人やなと思われているのではないでしょうか。

おひたしなどの定番料理でさえ、絶対なくちゃいけないとは思っていません。それより、ジメジメしているからさっぱりしたものが食べたいよね。寒いから体の芯から温まりたいよね。そんな気分が大事。私が食

べたいだけやん！　なんて思いながらも、作りたいものはその日の気温や湿度と関係していて、お客さんの食べたいものも一緒じゃないんかな？　と思うんですよね。
　私たち立呑み　田中が決めているのは、その時期の地のもの（明石にある）食材同士を組み合わせること。旬の食材を使うのはあたり前。無理やり、違う時期の食材を合わせたりはしません。定番料理の南蛮漬けは季節で魚介を変えるし、組み合わせる野菜、味も調整します。目でも楽しめるように彩りにもこだわります。食材と向き合いながら、

常に自分を楽しい状態にしておきたいのです。やらないかんかな〜と気分が乗らないヤッツケ仕事では、おいしい料理を作る自信がありません。そういうのって、お客さんが一番わかっている気がするから。
　ワクワクした気持ちで店に立つ。自信を持っておいしいと思える料理や酒をお客さんに出す。楽しい、うれしい、面白い！　という思いをずっと持っていたいし、大事にしたい。この気持ちがなくなったらそれは店をやめるとき。そう思っています。

立呑み田中の発酵料理。

たなか屋は発酵醸造食品販賣所。酒屋で全国の選りすぐりの発酵調味料を販売しているほか、茨木酒造さんと共同で魚醤（商品名は魚笑）を作っています。というわけで、発酵料理は立呑み田中に欠かせません。魚笑をはじめ酒粕を使った料理は、噛みしめるほどに奥深い味わい。お酒を呼ぶ料理ばかりです。

自慢の魚笑料理

明石で水揚げされる新鮮ないかなごを使用し、無添加で作られる魚醤。やわらかな香りと濃いうまみが特徴で、加熱しても香りがとばず、料理にコクと風味をプラスしてくれます。和洋中、さまざまな料理に合います。

◆この本で使用している「魚醤」は、すべてたなか屋企画の「あかしの魚笑」です

《材料》つまみ2〜3人分

釜揚げしらす …… 30g
野菜(ミニトマト、赤パプリカ、ズッキーニ、しいたけ、なすなど) …… 計50g
アヒージョオイル　作りやすい分量
　玉ねぎ …… 大1個(300g)
　にんにく …… 2かけ
　ローズマリー、ローリエ …… 各適量
　オリーブ油 …… 2カップ
　魚醤 …… 大さじ1
魚醤 …… ひとたらし
青ねぎ(小口切り)、一味、レモン(くし形切り)、バゲット …… 各適量

イタリアにも魚醤があると聞いて、
オリーブ油と合うのでは？ と作り始めたところ、
思いのほか相性がよかった！
味がつきにくいオイルも魚醤なら
味が入りやすく、味のまとまりもいいんです。

しらすのアヒージョ

《作り方》

1 アヒージョオイルを作る。フードプロセッサーに玉ねぎ、にんにくを入れ、細かく粉砕する。小鍋に移し、魚醤以外の残りの材料を加えてごく弱火で煮て、玉ねぎが半透明になり、甘くなったら魚醤で味を調える。

2 野菜は食べやすい大きさに切る(ミニトマトはヘタを取り、丸のまま)。

3 直火OKのココットに**1**を2〜3cm高さまで入れ、**2**を入れる。コンロに網をのせ、その上にココットをのせて弱火にかけ、油が煮立ったら釜揚げしらすを加え、軽く火が通ったら、魚醤をたらす。青ねぎ、一味をかけ、レモン、バゲット(こんがり焼いて)を添える。

◆アヒージョオイルの使用しない分は、冷蔵庫で1週間保存可。店ではしらす以外にたこ、川津えび、かき、ハリイカなどでも同様に作る。

アヒージョオイルは、玉ねぎ、にんにく、ハーブなどを入れて煮て、なじんだところに魚醤を加え、風味をつける。

魚醤のおいしさを
もっと広く伝えたい……。
と試行錯誤していたときに、
生クリームとなら
まったく違和感なく合うことを発見！
魚介の味を引き出してくれるので、
ほかの調味料を足さなくても
味が決まります。

生クリームやバターなどの乳製品と魚醤はとても相性がいい。魚醤は仕上げに加える。

魚のムニエル 魚醤クリーム

《**材料**》つまみ４～５人分

魚（たい、ひらめなどの切り身）…… ４～５切れ
小麦粉 …… 適量
オリーブ油 …… 大さじ１
魚醤クリーム
　生クリーム …… ½カップ
　バター …… 20g
　魚醤 …… 大さじ½
粗びき白こしょう …… 適量
レモン（輪切り）、ディル（あれば）…… 各適量

《**作り方**》

1 魚は塩少々（分量外）をふって10分ほどおき、出てきた水分をペーパータオルで拭く。表身に十字の切り込みを入れ、小麦粉をまぶす。

2 フライパンにオリーブ油を熱し、**1**の皮目を下にして入れ、中火で2分ほど焼く。きれいな焼き色がついたら返し、もう片面にもきれいな焼き色がつくまで同様に焼く。

3 **2**に生クリーム、バターを入れて中火にかけ、煮立ってとろみがついてきたら魚醤を加えて全体に混ぜながらさっと火を通し、火を止める。器に盛った魚にかけ、粗びき白こしょうをふり、あればレモン、ディルを添える。

◆ソースはパンですくって最後までどうぞ。

ベトナムチキン

《**材料**》つまみ５～６人分

鶏もも肉…… 大２枚(600g)
塩、こしょう…… 各少々
A　魚醤、砂糖…… 各小さじ１½
　　赤唐辛子(種を除く)…… １本
　　にんにく(つぶす)…… １かけ
カレー粉…… 小さじ１
オリーブ油…… 大さじ１
生クリーム…… ½カップ
魚醤、砂糖…… 各少々
粗びき白こしょう…… 適量
イタリアンパセリ(みじん切り)…… 適量

魚醤などで下味をつけた鶏肉に、焼く直前にカレー粉をまぶして焼く。

《**作り方**》

1　鶏肉は余分な脂を取り除き、塩、こしょうをふり、10分ほどおく。

2　ボウルにAを混ぜ合わせる。

3　**1**を**2**に入れて全体にからめて15分ほどおき、カレー粉をまぶす。

4　フライパンにオリーブ油を熱し、**3**を皮目を下にして入れ、中火で6～7分焼き、おいしそうな焼き色がついたら返し、Aのにんにく、赤唐辛子も加え、もう片面も2～3分焼き、8割方火を通す。

5　**4**の脂をペーパータオルで拭き取り、生クリームを加え、魚醤、砂糖で味を調え、粗びき白こしょうをふる。器に盛り、イタリアンパセリをふる。

魚醤を肉の下味に使ったレシピ。
カレー粉と魚醤はめちゃくちゃ合う！と、
元スパイス会社勤務の
エスニック好きスタッフが考案してくれました。
じつはこのソース、パスタやパンとも相性よし。
パンは焼かない、薄いパンならいうことなしです。

『立呑み 田中の発酵料理』

いかたっぷりシューマイ

いかのゲソとれんこんを加えた、食感も楽しいシューマイ。いかの甘みが全体のまとめ役です。まず、肉に塩でしっかり味をつけると、味がボヤけず肉自体もおいしくなります。

《材料》作りやすい分量・30個分

シューマイの皮 …… 1袋（30枚）
豚バラ肉（焼肉用） …… 250g
豚肩ロース薄切り肉 …… 250g
いかのゲソ …… 150g
しめじ …… ½パック（85g）
玉ねぎ …… ½個（125g）
れんこん …… 100g
塩 …… 小さじ1
A 魚醤 …… 小さじ2
　天然かけじょうゆ*（またはしょうゆ小さじ½） …… 大さじ½
　ごま油 …… 大さじ½
　砂糖 …… 小さじ1
片栗粉 …… 大さじ1⅔
卵白 …… ½個分
しょうゆ、練りがらし（好みで） …… 各適量

*川中醤油の「芳醇 天然かけ醤油」を使用（p.122参照）。しょうゆで代用する場合は⅓量にする

《作り方》

1 いかのゲソはよく洗い、大きめに切り、しっかりと水けをとる。豚肉2種も大きめに切り、それぞれフードプロセッサーで粗めのミンチ状にする。

2 しめじは石づきを落とし、細かく刻む。玉ねぎはみじん切り、れんこんは5㎜角に切る。

3 ボウルに**1**の豚肉を入れ、塩を加えてしっかり粘りが出るまで練り混ぜ、Aを加えてさらに混ぜる。**2**に片栗粉をまぶして加え、いかのゲソ、卵白を加えて混ぜる。

4 シューマイの皮に**3**を山盛りのせ、包む。

5 蒸気の上がった蒸し器に**4**を入れ、強火で12分蒸す。好みでからしじょうゆなどをつけて食べる。

◆多めに（分量分）作り、半量を加熱せずに冷凍しておくのがおすすめ。冷凍庫で3週間保存可。

a

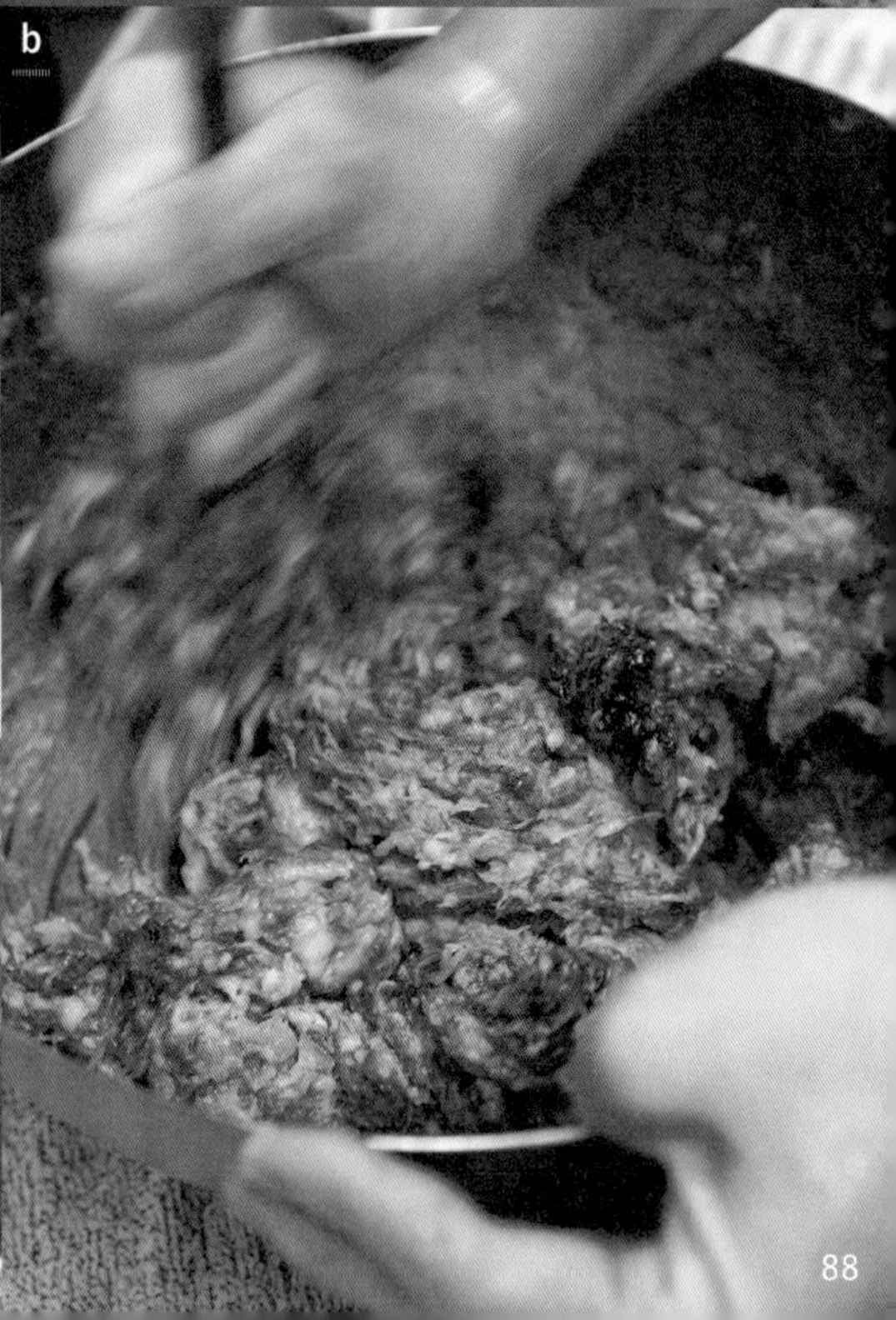
b

c

d

パクチーギョーザ

中国人スタッフのお母さんのワザが随所に散りばめられた、本場の水ギョーザです。手で混ぜずに、菜箸でずっと右回りに混ぜると、粘りが出て肉汁が閉じ込められるそう。ゆでるときには差し水を2回！もっちりのコツです。

《**材料**》作りやすい分量・40個分

ギョーザの皮……2袋(40枚)
豚バラ肉(焼肉用)……250g
豚肩ロース薄切り肉……250g
パクチー……1束(30g)
塩……小さじ1
A　しょうが(みじん切り)……½かけ(6g)
　長ねぎ(みじん切り)……20g
　五香粉《ウーシャンフェン》……3g
サラダ油……大さじ1⅔
B　魚醤……大さじ¼
　オイスターソース……大さじ½
　老醤油[＊1](またはしょうゆ)……小さじ½
　しょうゆ……大さじ1
　こしょう……少々
たれ
　黒酢(香醋)または酢、
　天然かけじょうゆ[＊2](またはしょうゆ)
　……1：2の割合
　おろしにんにく……少々
パクチー(好みで)……少々

＊1 中国のたまりじょうゆ。
やや甘みがあり、まろやか
＊2 川中醤油の「芳醇 天然かけ醤油」を使用(p.122参照)。
しょうゆで代用する場合は⅓量にする

《**作り方**》

1　パクチーは粗みじん切りにする。

2　豚肉2種は大きめに切り、フードプロセッサーで細かめのミンチ状にする。

3　ボウルに**2**を入れ、塩を入れてよく練り混ぜる。Aを加え、熱々に熱したサラダ油をジャッとかけ(**a**、しょうがとスパイスの香りを立たせる)、Bを加えて菜箸で右回りにガーッと練り混ぜ(**b**)、**1**のパクチーを加え(**c**)、さらに混ぜ合わせる。

4　ギョーザの皮に**3**を大さじ1弱ずつのせ、包む。

5　大きな鍋に湯を沸かし、沸騰したら**4**を10個ずつ入れ、再び沸騰したら水1カップを入れ(差し水)、もう一度沸騰したら水1カップを加え、再度沸騰したら(皮が透き通ってきたら)、ゆであげる(**d**)。器に盛り、好みでパクチーを飾り、たれをつけて食べる。

◆多めに作り、半量を加熱せずに冷凍しておくのがおすすめ。冷凍庫で3週間保存可。

にら
ポークバーグ

立呑み 田中で使うひき肉は、
必ず自分のところでミンチ状にしています。
脂の量や肉感を調整できるからです。
この料理はギョーザの具をハンバーグにしたら
おいしいんちゃうかな～と生まれたレシピです。

《**材料**》7〜8個

豚バラ肉(焼き肉用)…… 250g
豚肩ロース薄切り肉 …… 250g
しめじ …… ½パック(75g)
にら …… ½束(50g)
れんこん …… 75g
玉ねぎ …… 小1個(175g)
しょうが …… 2〜3かけ(25g)
塩 …… 小さじ1
A　魚醤、
　天然かけじょうゆ*(またはしょうゆ小さじ½)、
　酒 …… 各大さじ½
　ごま油 …… 小さじ½
片栗粉 …… 大さじ2
卵白 …… ½個分
サラダ油 …… 大さじ1
たれ
　だし …… 1カップ
　みりん、天然かけじょうゆ*
　　(またはしょうゆ小さじ½)、しょうゆ、砂糖
　　…… 各大さじ½
　ポン酢 …… 小さじ2½
　赤唐辛子(種を除き、小口切り)…… ½本
　水溶き片栗粉
　　片栗粉、水 …… 各大さじ½
大根(すりおろし)、一味 …… 各適量

*川中醤油の「芳醇 天然かけ醤油」を使用(p.122参照)。しょうゆで代用する場合は⅓量にする

香りをつけるにら、食感を出すれんこん、うまみを足すしめじを、それぞれたっぷり。

まずは塩のみを加え、粘りが出るまでしっかり練り混ぜ、肉に味をなじませる。

うまみの強い豚肩ロース、脂が多めの豚バラ肉を半々に使い、粗めに挽くのがコツ。

《**作り方**》

1 豚肉2種は大きめに切り、フードプロセッサーに入れて粗めのミンチ状にする。しめじは石づきを落として、にら、れんこんと共に5㎜角に切る。玉ねぎ、しょうがはみじん切りにする。

2 ボウルに**1**の豚肉、塩を入れてよく練り混ぜ、Aを加えてさらに混ぜる。**1**の野菜に片栗粉をからめて加えて練り混ぜ、卵白を加えてさらに混ぜ、7〜8等分にして小判形に丸める。

3 フライパンにサラダ油を熱し、**2**を入れ、ふたをして弱めの中火で5〜6分焼く。きれいな焼き色がついたら返し、再びふたをして弱めの中火で5〜6分焼く。

4 たれを作る。鍋にたれの水溶き片栗粉以外を入れて中火にかけ、煮立ったら水溶き片栗粉を入れてとろみをつける。

5 器に**3**を盛り、**4**をかけ、大根をのせて一味をふる。

◆多めに(分量分)作り、半量を加熱せずに冷凍しておくのがおすすめ。冷凍庫で3週間保存可。

いわしのハーブグリル

魚醤を下味に使ったレシピ。
ほんの少し加えるだけでも、
魚醤の豊かな香りが魚の臭みをマスキングし、
心地よい風味へと変えてくれます。
焼き魚の芳しい香りは、
食欲をぐぐっと刺激します。

《材料》作りやすい分量

いわし…… 5尾
塩…… 適量
A
- 魚醤…… 小さじ½
- オリーブ油…… 大さじ2
- ハーブ（ローズマリー、パセリ、タイムなど）…… 適量
- にんにく（つぶす）…… 1かけ
- 赤唐辛子…… 1本

塩…… ひとつまみ
魚醤…… 少々
レモン（薄い輪切り）、パセリ（みじん切り）…… 各適量

《作り方》

1 いわしは頭とワタを取り除き、塩少々をふって1時間ほど冷蔵庫に置く。出てきた水分をペーパータオルで丁寧に拭き取る。

2 バットにAを入れて混ぜ、**1**を加えて全体にからめ、ラップをピタリと貼りつけるようにして冷蔵庫で1時間〜半日ほど漬ける。

3 魚焼きグリルに**2**の汁けを軽くきってのせ、強火で計10分ほど焼き、器に盛る。

4 小鍋に**2**のいわしを漬けていたAを入れ、弱火で煮て、クツクツしてきたら塩を入れる。**3**ににんにく、赤唐辛子ごとかけ、魚醤をふり、レモン、パセリをのせる。

絶品酒粕料理

新酒ができ上がる冬は酒粕の季節です。この時期になると、立呑み 田中のカウンターにはさまざまな酒粕料理が並びます。酒粕は濃いうまみと風味があり、とろりとした食感が特徴。何より、体を芯から温めてくれます。

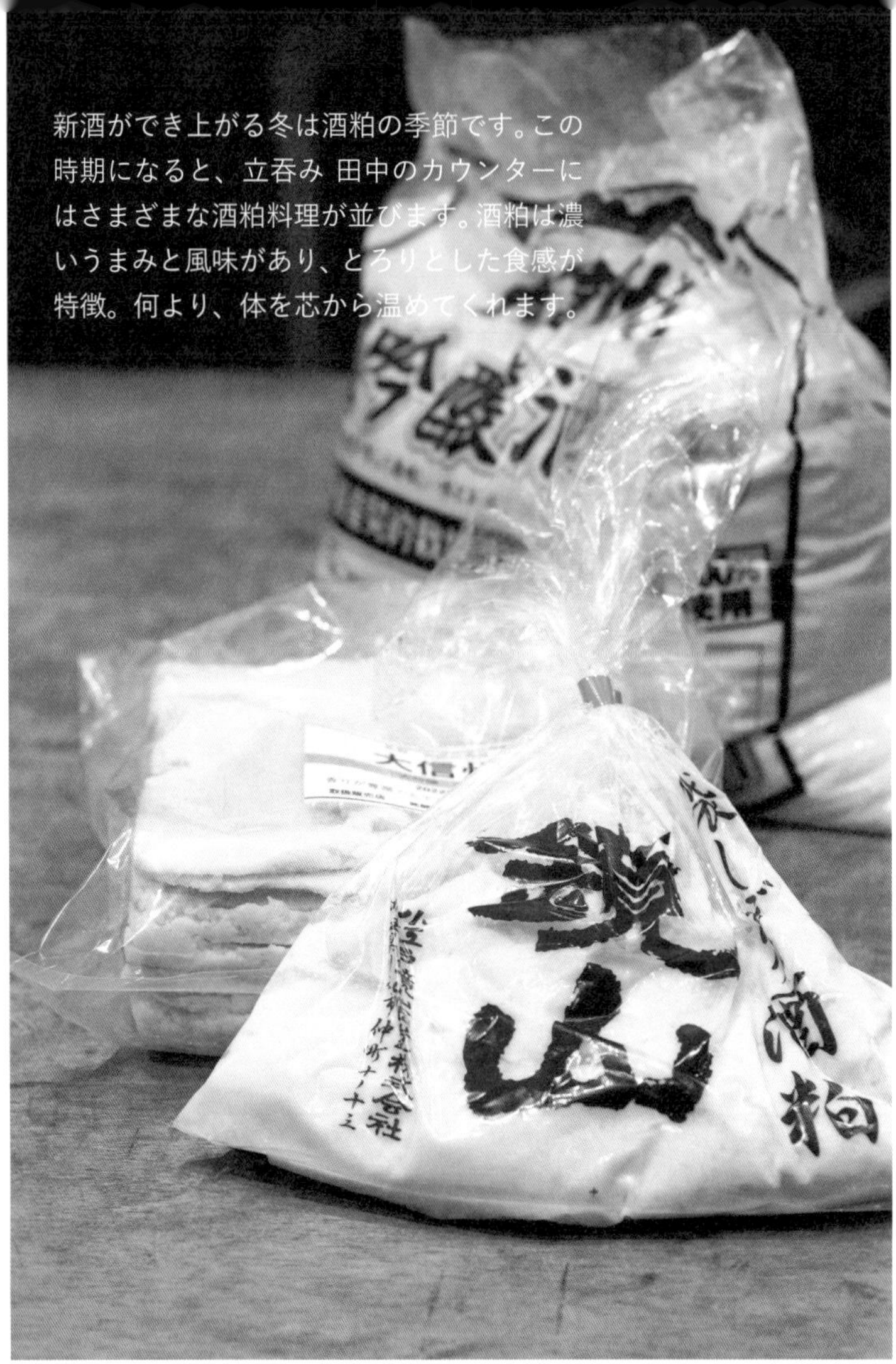

粕汁

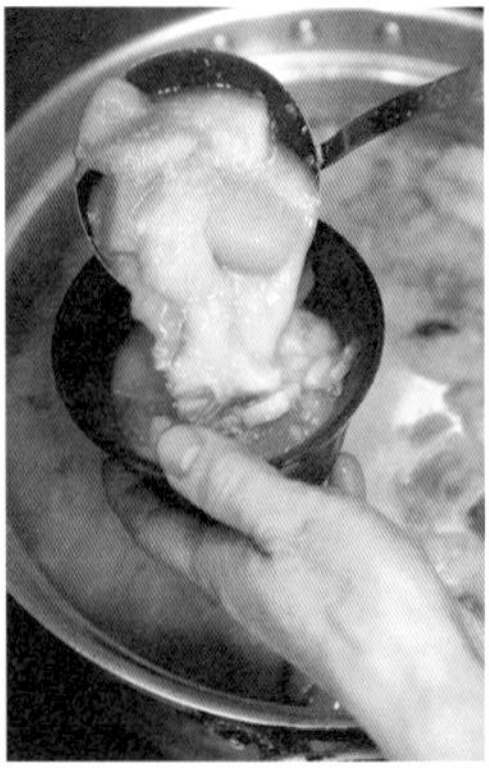

呑んだ後の締めとして、また最初の1品目に飲む方もおられます。酒粕好きの関西人には、どろりとしているのが好みの方が多いけれど、私が目指すのは最後の一滴まで飲んで「あーおいしかった！」と思うような汁です。

◆粕汁は多めに作ったほうがおいしく、数日楽しめるので多めの分量で紹介
◆酒粕がかたいときは、ボウルに酒粕を入れ、熱々のだしを加え、ラップをかけてふやかす
◆強火でグツグツ煮ると酒粕のせっかくの香りがとんでしまうので注意

《**材料**》作りやすい分量・つまみ6～8人分

塩ざけのアラ*1（なければ切り身2切れ）…… 150g
豚バラ薄切り肉 …… 100g
かぶ …… 3～4個（400g）
にんじん …… 大½本（100g）
しいたけ …… 4枚（100g）
だし（いりこ）…… 7½カップ
塩 …… 小さじ1½
酒粕*2 …… 300g
白だし …… 小さじ1
ゆずの皮（せん切り）、長ねぎ（小口切り）、一味 …… 各適量

*1 塩ざけのあらが塩辛い場合は、調味料の塩の分量を減らす
*2 立呑み 田中では、香りがよくて上品な甘みがあり、さらっとしている鏡山の酒粕を使用

魚介の粕汁には、かぶがマスト！

塩ざけとかぶらの粕汁

《**作り方**》

1 さけは食べやすく切り、熱湯でさっとゆで、水けをきる。かぶは2㎝角に切り、にんじんは2㎜厚さの輪切りにする。しいたけは軸を落とし、薄切りにする。豚肉は2㎝幅に切る。

2 鍋に**1**のさけ以外、だしを入れて中火にかけ、かぶがやわらかくなったら、さけ、塩を加える。

3 ボウルに酒粕を入れ、**2**の煮汁少々を加えてやわらかく伸ばし、**2**に加えて混ぜ、弱火で10分ほど煮て、白だしで味を調える。器に盛り、ゆずの皮、長ねぎをのせ、一味をふる。

かきと菜の花の粕汁
かきは後入れで
ふっくら仕上げ！

《**材料**》作りやすい分量・つまみ6～8人分

かき …… 1パック(12個)
菜の花 …… 2束
にんじん …… 1本(180g)
かぶ …… 3～4個(400g)
ベーコン …… 60g
だし …… 12½カップ
薄口しょうゆ …… 大さじ1⅓
酒粕 …… 400g
塩 …… 小さじ1½
ゆずの皮(細切り)、長ねぎ(小口切り) …… 各適量

《**作り方**》

1　かきは薄い塩水(分量外)でふり洗いし、水けをペーパータオルでよく拭く。菜の花は熱湯でさっとゆで、冷水にとり、粗熱がとれたら一口大に切る。にんじんは半月切り、かぶはくし形に切る。ベーコンは3cm長さに切る。
2　鍋にだし、**1**の菜の花以外の野菜を入れて中火にかけ、野菜がやわらかくなったら薄口しょうゆを加える。
3　ボウルに酒粕を入れ、**2**の煮汁少々を加えてやわらかく伸ばし、**2**に加えて混ぜる。塩で調味し、**1**のかきを入れ、煮立ったら火を止める。味をみて、塩で味を調える。
4　器に菜の花を入れ、**3**を注ぎ入れ、ゆずの皮、長ねぎをのせる。

豚肉と大根の粕汁
豚肉には
ごぼうが好相性！

《**材料**》作りやすい分量・つまみ6～8人分

豚バラ薄切り肉 …… 150g
ごぼう …… 1本(100～120g)
大根 …… ⅕本(220g)
にんじん …… 小1本(160g)
しいたけ …… 4枚(100g)
油揚げ …… 1枚
だし …… 8½カップ
A　薄口しょうゆ …… 大さじ1
　　塩 …… 小さじ1
酒粕* …… 300g
青ねぎ(小口切り)、一味 …… 各適量

*豚肉にも負けない香りがある、大信州の酒粕を使用

《**作り方**》

1　大根、にんじんは5cm長さの拍子木切りにする。ごぼうは皮をこそいで斜め薄切りにする。しいたけは軸を落として薄切りにする。油揚げは熱湯をかけて油抜きし、縦半分に切って細切りにする。豚肉は2cm幅に切る。
2　鍋に**1**、だしを入れて中火にかけ、煮立ったらアクを取り除き、Aを加える。
3　ボウルに酒粕を入れ、**2**の煮汁少々を加えてやわらかく伸ばし、**2**に加えて混ぜ、野菜がやわらかくなるまで弱火で10分ほど煮る。油揚げを加え、味が足りなければ薄口しょうゆ、塩で味を調える。器に盛り、一味をふり、青ねぎをのせる。

酒粕 ぶりアラ大根

キレのある、ぶり大根といったところ。
たっぷり加えた酒粕は煮ることで
酒臭さがやわらぎ、うまみだけが残ります。

《材料》つまみ5～6人分

ぶりのアラ
……1パック(400g)
大根……½本(500g)
だし……2½カップ
みりん……½カップ
薄口しょうゆ……大さじ3
酒粕……150g
ゆずの皮(せん切り)……少々

《作り方》

1 ぶりのアラはぶつ切りにして塩少々(分量外)をふり、熱湯に入れて表面が白くなる程度にさっとゆでる。すぐに冷水で洗い、ざるにあげて水けをきる。

2 大根は4㎝厚さの半月切りにし、面取りをする。鍋に入れ、米のとぎ汁(または米大さじ1を加えた水)をひたひたに入れてふたをして中火にかけ、大根に竹ぐしがスーッと通るくらいまでゆでる(30～40分)。

3 別の鍋にだし、**2**、**1**を入れ、みりんを加え、落としぶたをして弱火で15分ほど煮る。薄口しょうゆ、酒粕を加え、5分ほど煮る。器に盛り、ゆずの皮を飾る。

かきとほうれん草の酒粕グラタン

ベシャメルソースに
酒粕を加えたソースをかけて焼く、
大人味のグラタンです。
酒粕を加えることでうまみと香りが増し、
酒を呼ぶ味に変化します。
2種類のチーズでリッチな味わい。

《**材料**》つまみ4～5人分

かき …… 1パック(12個)
ほうれん草 …… 1束(200g)
塩、こしょう、小麦粉 …… 各適量
バター …… 大さじ1
オリーブ油 …… 小さじ1

ベシャメルソース
- バター …… 25g
- 小麦粉 …… 25g
- 牛乳 …… 1¼カップ
- 酒粕 …… 50g
- 塩 …… 小さじ¼
- こしょう …… 少々
- 薄口しょうゆ …… 小さじ¼
- 魚醤 …… 小さじ½

チーズ(好みのもの)*、粗びき白こしょう …… 各適量

*立呑み 田中では、グラナパダーノとパルミジャーノ・レッジャーノの2種を使用。

《**作り方**》

1 かきは薄い塩水(分量外)でふり洗いし、水けをペーパータオルでよく拭く。塩少々をふり、小麦粉をまぶし、バターを溶かしたフライパンに入れ、表面を強めの中火でしっかりと焼き(中まで火が通らなくてよい)、取り出す。

2 ほうれん草は4～5cm長さに切り、オリーブ油を熱したフライパンで中火で炒め、塩、こしょう各少々をふり、取り出す。

3 ベシャメルソースを作る。フライパンにバターを入れて弱火で溶かし、小麦粉を加えて中火で炒める。粉っぽさがなくなったら牛乳の⅓量を加えて木べらで混ぜ、全体になじんだら残りの牛乳の½量を加える、を繰り返す。とろりとしたら火を止め、残りの材料を加えて全体に混ぜる。

4 耐熱皿に**3**の¼量を敷き、**1**、**2**の⅓量をのせ、同様に2回繰り返し、**3**をかけ、チーズをふる。180℃に予熱したオーブンで約20分、表面にこんがりと焼き色がつくまで焼く。粗びき白こしょうをふる。

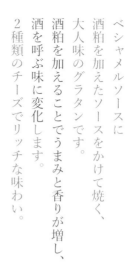

酒粕みそチャーシュー

酒粕を加えたみそが
肉をしっとりやわらかく仕上げます。
こんがり焼けたみそは、
それ自体が酒のアテに。
水分が出てしまうので、
焼く直前に塗って(たっぷり!)ください。

《材料》作りやすい分量

豚肩ロース肉(かたまり)……500g

A
- 酒粕……150g
- みそ……150g
- みりん……½カップ
- にんにく(すりおろし)……3かけ(30g)
- 天然かけじょうゆ*(またはしょうゆ小さじ1)……大さじ1

きゅうり…適量

* 川中醤油の「芳醇 天然かけ醤油」を使用(p.122参照)。しょうゆで代用する場合は⅓量にする

a

b

c

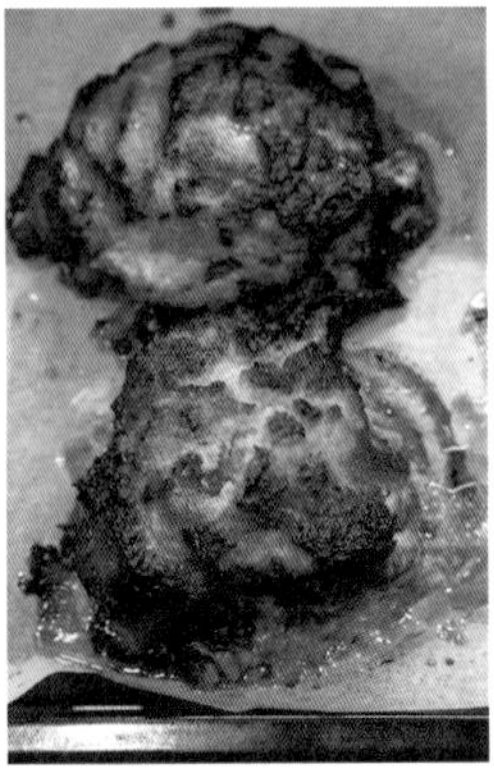

《作り方》

1 Aを混ぜ合わせる(a)。

2 豚肉の水けを拭き、全体に**1**をからめ(b、焼く直前にからめる)、170〜180℃に予熱したオーブンで(できれば下段に入れる)40〜50分焼く(c)。途中焦げそうになったらアルミホイルをかぶせる。

3 **2**が焼き上がったらアルミホイルを巻き、タオルなどで包んで30〜40分保温してから切り分ける。器に盛り、こんがり焼けた酒粕みそ、食べやすく切ったきゅうりも添える。

◆酒粕みそは鶏肉やラム肉、魚にも合う。酒粕みそに山椒粉を足してもおいしい。
◆こんがり焼けた酒粕みそはきゅうりやセロリなどにつけて食べても。

酒粕床

混ぜ合わせたら、
すぐに使える酒粕床。
ぬか床のように、
毎日混ぜなくていいので手軽です。
野菜、魚を漬けてもいいし、
肉を漬けてもおいしい、
あると便利な万能床です。

《**材料**》作りやすい分量

酒粕床

- 酒粕 …… 500g
- 砂糖 …… 50g
- みそ …… 25g
- 塩 …… 12.5g
- 焼酎(甲類、クセのないもの) …… 25mℓ
- みりん …… 17.5mℓ

漬けるもの

たらこ、モッツァレラチーズなど …… 適量

たらこを漬けるときは、保存容器に酒粕床を入れ、たらこをのせ、上から酒粕床を塗る。

《**作り方**》

1 ボウルに酒粕床の材料を入れ、混ぜ合わせる。混ぜたら、すぐに床として使える。

◆冷蔵庫に入れ、半年ほど保存可。

2 漬ける素材ごとに保存容器を用意し、**1**の酒粕床に入れ、たらこやとチーズをのせ、漬ける。たらこは漬けてすぐから1週間くらい。モッツァレラチーズは漬けてすぐから半日くらいで食べる(それ以上漬けると水分が出てきてしまうので注意)。

3 たらこ、モッツァレラチーズは薄めに切り、器に盛る。酒粕床と一緒に食べるのがおすすめ。

◆ほかには、野菜(うり系、大根)など、ぬか漬けにする野菜はなんでもOK。、肉(豚肉、鶏肉)、魚(さけ、さわらなど)などを漬けてもおいしい。漬けるときは、素材に塩をふって10分ほどおき、水分を拭いてから保存容器やポリ袋に入れて漬ける。

もろみしょうゆ麹(ひしお)

ひしお麹としょうゆを混ぜ合わせ、発酵させた調味料です。ひしお麹は蒸した大豆と炒った大麦を混ぜ、麹菌を混ぜて発酵させるため、うまみと甘みがたっぷり！ 野菜につけたり、刺身に混ぜて使います。

《材料》作りやすい分量

ひしお麹……750g
しょうゆ……540mℓ
水(湯冷まし)……180mℓ

《作り方》

1　保存瓶などにひしお麹を入れ、しょうゆを加えて混ぜる。最初の1～2日は1日に1回混ぜる。ふたをして常温に置き、表面に液体が上がってきたらでき上がり(約1カ月後)。好みで、生の青唐辛子を刻んで加えてもおいしい。

◆常温で保存可。半年後は冷蔵保存がおすすめ。

みそ味よりも、
味わい深い！
ちょっとのせるだけで、
より酒が進む味つけに。

厚揚げの もろみしょうゆ麹のせ

《**材料**》つまみ２人分

厚揚げ …… １枚
もろみしょうゆ麹（右記） …… 適量
長ねぎ（小口切り） …… 少々
一味 …… 適量

《**作り方**》

1　厚揚げはオーブントースターまたは魚焼きグリルで、両面をこんがりと焼く。

2　食べやすく切って器に盛り、もろみしょうゆ麹、長ねぎをのせ、一味をふる。

ひしおこうじ

ひしお麹
しょうゆと水を加えて発酵させれば、もろみしょうゆ麹が完成する。750g760円／高見味噌店

いわしの もろみ麹なめろう

《**材料**》つまみ２～３人分

いわし（刺身用・３枚おろし） …… １尾分（100g）
みょうが …… ½個
青じそ …… １枚
しょうが …… １かけ（10g）
A　にんにく（すりおろし） …… 小さじ½
　青唐辛子（みじん切り）または一味 …… 少々
　もろみしょうゆ麹（右記） …… 小さじ３
　みそ …… 小さじ１
　砂糖 …… 少々
　天然かけじょうゆ*（またはしょうゆ） …… 少々
青じそ、しょうが（せん切り） …… 適量

*川中醤油の「芳醇 天然かけ醤油」を使用（p.122参照）。

《**作り方**》

1　いわしは皮をむき、小骨を取り除き、5㎜角に切る。

2　みょうが、青じそ、しょうがはみじん切りにする。

3　ボウルに**1**、**2**、Aを入れて混ぜる。青じそをのせた器に盛り、しょうがをのせる。

燗酒Q&A

燗酒っておじさんっぽい？　いえいえ、それは昔の話。燗酒の楽しさを知ると、もっと日本酒が好きになります。ここでは、お店に来るお客さんにもよく聞かれる素朴なギモンに答えます。

Q　燗酒にすると、お酒がどう変わる？

A　1つめは、香りがよくなります。例えば冷酒のときはりんごなどのフルーツの香りだったのが、燗酒にすることで炊き立てのご飯のような香りに変わります。2つめは、酸がやわらぎます。酸味の種類が変化するので、それを楽しむことができます。3つめに酔い心地がよくなります。燗酒は、体の中でやさしくじんわり巡ってくる感じがあり、体がラクでじわじわおいしくなります。冷酒がアヘアヘした酔い方なのに対し、燗酒はニヤニヤした酔い方になる、とよくスタッフで話しています(アヘアヘ酔いも、それはそれでいいですが笑)。

Q　燗酒に向く酒、向かない酒ってある？

A　基本的には向かないお酒はありません。ただし、淡麗辛口や味に幅がないものは燗にすることで個性が消え、どの銘柄の酒を飲んでいるかわからなくなるので、あまりおすすめしません。逆に、酸味が強いものは燗酒にすることで香りが変化し、特徴が出やすいので燗酒にする楽しさがあります。

間違いないのは、「ひやおろし」。新酒を熟成させ、夏の終わりから秋に出荷させるお酒で、燗にしたくなるお酒が多い。脂ののった秋のさわらなど、秋には燗酒にばっちり合う食材も多いのです。この時期に日本酒を楽しめる店にいったら、ぜひ「ひやおろしを燗で！」と頼んでみてください。ツウぶれます！

Q　燗酒のいいところは？

A　同じお酒でも温度を変えるだけで味わいや香りが変わる。それが一番面白いところです。しかも、温度を変えるだけで合う料理も変わってくる。そんなお酒は他にはないですよね。「このお酒のおいしい温度」も好みによって違いますし、温めすぎてしまってもそれはそれでおいしいので、もっと自由に燗酒を楽しんでほしいです。

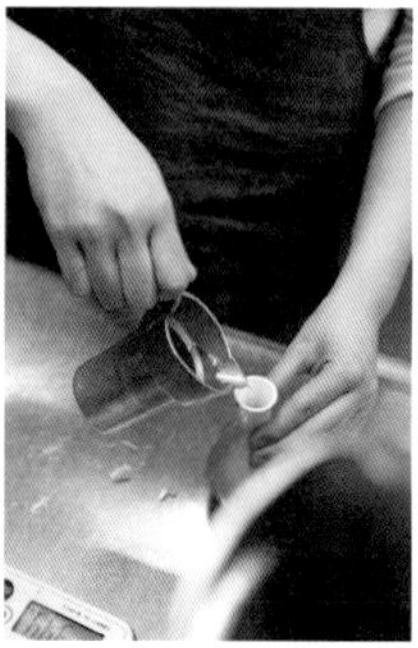

Q　燗酒の適温は何℃？

A　燗酒の温度に決まりはありません。好みでいろいろな温度を楽しみましょう。温度ごとに名称があり、「ぬる燗」は40℃前後、「上燗」は45℃前後、「熱燗」は50℃前後、「飛切燗」は55℃以上のこと。

Q　家で燗酒をおいしく呑むコツは？

A　燗酒の仕方は次ページを見ていただくとして。お猪口も温めておくと、おいしさが違います。酒を温めていた湯に、お猪口をさっとくぐらせると湯を沸かす手間がいらないのでおすすめ。やけどに注意して！

さっそく、燗にしてみよう！

お店では燗銅《どう》壺《こ》で燗酒にしていますが、
家庭で簡単に燗にできるよう小鍋を使って
ご紹介します。電子レンジでもできますが、
温まりやすく冷めやすいので、断然鍋がおすすめ！

1

小鍋に水を入れて 80℃に温め、徳利を入れる

徳利の首くらいまで酒を注ぐ（それ以上はNG）。小鍋にタオルを敷き、水を入れて80℃くらいまで温め、いったん火を止め、徳利を静かに入れる。湯が徳利の腰くらいまであればOK（徳利を腰湯状態にする）。タオルを敷くのは、徳利がカタカタせず安定するため。

2

弱めの中火にかける

いきなり熱くすると酒の味がバラバラになるので、強火にはしない。お風呂に浸かるように酒をじわじわと温めると、酒の一体感が出て、冷めてもおいしい酒になる。ぬる燗なら、5～6分くらい。

3

ときどき箸でかき混ぜる

酒の成分を混ぜ、空気を含ませるため、ときどき箸で混ぜる。この作業で味が均一になり、スーッと飲める燗酒になる。燗酒の仕上がりの目安は、ご飯が炊けたような香りがしたらOK！

Column ③

酒屋がやっている立呑みである

いつも心に留めているのは、酒屋がやっている呑み屋であること。料理が前に出てもいけないし、お酒だけでもいけない。「おいしいものがあると聞いたから、この店に来た」といわれるのはうれしいけれど、この場所で表現したいのは日本酒をはじめとしたお酒のおいしさを伝えることと、お酒に合う料理をお出しすること。だから申し訳ないですが、お酒を楽しんでもらえないお客さんはお断りしています。

千鳥足のお客さんにもお酒はお出ししません。偉そうですけれど「おいしい料理とお酒を喜んでほしいから、一軒目に来てください。味のわかるうちに来てください」とお願いします。べろべろに酔っぱらって入る店じゃないですよ！　というプライドをもっていたいのです。それもこれも、店に来るお客さんみんなに気分よく呑んで欲しいため。先代の「皆が笑える処がいい」と同じ思いなんです。

日曜のお昼には、日本酒と料理のペアリングも始めました。お料理7～8品と、それぞれの料理に合わせて日本酒を1種ずつ紹介し、なぜ合わせたかを解説します。より日本酒の魅力をわかってほしいから、ときには燗酒にして、温度による味わいの変化もご紹介しています。「この料理に合うお酒をください！」なんて会話は、立呑みでは日常茶飯事。昨日今日始まったことではなく、20年前からやっているからこそできる試みだと思っています。

うちの店は立呑みである。これも常に意識しています。立呑みはワイワイと楽しむところ。だから、繊細な味より、わかりやすい味が求められる。香りがいいもの、食感のいいもの、彩りのいいもの。近所でまある笑店という創作料理のお店も営んでい

ますが、同じ「すじこん」でも、創作料理店では汁を最後まで飲んで「しみじみとおいしかった」と思える味を目指し、立呑みでは甘みを強めにして食べた瞬間「うん、うまい！」と思える、メリハリのある味にしています。

　酒屋ではさまざまな調味料やスパイスも販売しています。立呑みを始める前に、私が社長（夫）にいったのは「酒屋と立呑みがつながるようにしたい」ということ。せっかく酒屋で厳選した調味料を扱っているのだから、立呑みで出す料理にも使いたい。実際に料理に使って味わってもらえば、その調味料のよさがお客さんにも伝わりやすいと思ったのです。私の思うよい調味料の基準は「オーガニックだから」ではなく、自分が食べて呑んでみてしみじみおいしいと感じられるもの、心がおいしいと思えるもの。うれしいことに、立呑みではよく「これ、おいしい！　どうやって作るの？」「どんな味つけ？」と聞かれます。そんなときは自信を持って「この調味料を使い、こんな風に作ります」とお伝えしています。

だしで酒を呑む。

うちの社長(夫)が口癖のようにいう言葉です。社長だけでなく、昔から汁ものを飲みたいというお酒呑みのお客さんは多いもの。汁を飲んで、お腹を落ち着けたら「さあ、本番!」となるのでしょうね。たなか屋では毎日丁寧にだしをとり、だしを使った料理は汁を飲み干してほしい、そんな気持ちで作っています。

その昔、私の地元、岡山のお店で食べた「魚の骨蒸し」の味が
衝撃的においしくて。魚は骨の周りが一番おいしいのですから
当然といえば当然なんですが。
登場した途端になくなる、人気メニューのひとつです。

天然だいの骨《こつ》蒸《む》し

《**材料**》つまみ2～3人分

たいのアラ(頭、骨) …… 1尾分
塩 …… 少々
A | だし …… ½カップ
　| 酒 …… 大さじ1
　| 薄口しょうゆ …… 小さじ1½
大根(すりおろし)、ゆずこしょう、
　青ねぎ(小口切り)、すだち(くし形切り)、
　ポン酢 …… 各適量

《**作り方**》

1 熱湯でたいのアラをさっとゆで、ウロコや汚れを取り、水けをペーパータオルで拭き、軽く塩をふる。

2 耐熱皿に**1**をのせ、Aをかけ、ラップをかけて電子レンジで4分ほど加熱し、中まで火を通す。

3 大根、ゆずこしょう、青ねぎ、すだちをのせ、ポン酢を添える。身をほぐしながらポン酢と一緒に食べ、だしを飲む！

めいたがれいの酒煮

独特の泥臭さがある、めいたがれいは
実は苦手だったんです。
しょうゆで煮ると味がケンカしてしまい、
アカンところが際立ってしまう……。
それがたっぷりの酒を使うと、
かれいの臭みを見事に
包み込んでくれるから不思議です。

《材料》つまみ４人分

魚（めいたがれいなど）…… ４尾
酒…… ３カップ
A 水…… 2½カップ
　昆布…… 5㎝角１枚
　塩…… 8g
塩…少々

《作り方》

1 小鍋に酒を入れて中火にかけ、しっかりアルコール分をとばし、冷ます。

2 **1**にAを加え、冷蔵庫で一晩以上浸ける。

3 小鍋に**2**を入れて中火にかけ、煮立ったら魚を加え、中まで火が通ったら、味をみて塩で調味する。

魚のアラのみそ汁

食べられるところは、
おいしく食べきる！　が信条の立呑み 田中。
魚のアラももちろん残しません。
アラ汁は塩味やしょうゆ味もいいけれど、
みそ仕立てもなかなか。
コラーゲンたっぷりの目の周りも
めっちゃおいしいですよ。

《材料》作りやすい分量

魚のアラ …… 400g
塩 …… 適量
水 …… 5½カップ
昆布 …… 5cm角1枚
みそ …… 50g
三つ葉 …… 適量

《作り方》

1　魚のアラはぶつ切りにして塩少々をふり、熱湯に入れて表面が白くなる程度にさっとゆでる。冷水で洗ってウロコを取り、ざるにあげて水けをきる。

2　鍋に分量の水、昆布、**1**を入れ、強火にかける。煮立ったらアクをとり、弱火でコトコト煮る。

3　魚のうまみが出てきたらみそを溶き入れ、少ししてから味をみて塩少々で調味する。器に盛り、3cm長さに切った三つ葉をのせる。

◆できれば1日寝かせると、さらにおいしい。

アクアパッツァ

新鮮なかさごはワタごと煮ます。
だから、うまみがすごい!!
あさり、アンチョビーの
うまみも加わったスープは、
ある意味この料理の陰の主役かもしれません。
パンですくって残さずどうぞ。

《材料》つまみ4～5人分

魚(かさご、めばる、たいの切り身など)
…… 4尾(または4切れ)
あさり(殻つき)…… 1パック(200g)
ミニトマト …… 8個
アンチョビーフィレ(刻む)…… 2枚
オリーブ(緑)…… 4個
にんにく(つぶす)…… 2かけ(20g)
塩 …… 少々
オリーブ油 …… 大さじ1
白ワイン …… ½カップ
水 …… ½カップ
魚醤 …… 大さじ½～大さじ1弱
イタリアンパセリ、レモン(くし形切り)
…… 各適量

《作り方》

1 あさりは塩水(分量外)に1時間ほどつけ、砂出しし、殻をこすり洗う。魚は気になるようならワタを取り除き(新鮮な場合はワタごとがおすすめ)、塩をふって5分ほどおき、出てきた水分をペーパータオルで拭く。ミニトマトは半分に切る。

2 フライパンにオリーブ油、にんにくを入れ、弱火でゆっくり炒める。香りが出たら**1**の魚を入れ、両面に焼き色がつくまで中火で焼く。

3 白ワインを加えて強火にし、アルコール分をとばす。分量の水、あさり、ミニトマト、アンチョビー、オリーブ、魚醤を入れ、ふたをして中火で1～2分煮る。

4 あさりの殻が開いたらオリーブ油(分量外)をひと回しし、軽く鍋を揺すって乳化させる。

5 器に盛り、イタリアンパセリを飾り、レモンを添える。

肉豆腐

オープン当初、
どんな料理を出したらいいのか悩んでいたところ、
夫と食べに行ったお店の鶏豆腐が胸に染みて……。
これなら私にも作れそう！　と
鶏肉を牛肉に変えて作り始め、今では定番メニューに。

《材料》つまみ4～5人分

絹豆腐……2丁(460g)
牛切り落とし肉……50g
卵……4個
A　だし……2カップ
　　みりん……大さじ1
　　砂糖……大さじ1強
　　天然かけじょうゆ*
　　(またはしょうゆ小さじ2)……大さじ2
しょうゆ……大さじ2
青ねぎ(小口切り)……適量
一味……適量

*川中醤油の「芳醇 天然かけ醤油」を使用(p.122参照)。しょうゆで代用する場合は$\frac{1}{3}$量にする

《作り方》

1　絹豆腐は半分に切り、ペーパータオルに包んで水きりする。

2　鍋にAを入れて中火にかけ、煮立ったら**1**を加えて温め、牛肉を加え、再び煮立ったらアクを取り、しょうゆで味を調える。

3　器に**2**を盛り、卵を割り落とし、卵黄の中央に竹串を刺して穴をあけ(破裂防止)、ラップをかけて電子レンジで卵を好みの加減に加熱する。青ねぎをのせ、一味をふる。

らふてい

日本酒に肉料理の組み合わせも人気があって、この沖縄の郷土料理もガッツリ肉を食べたい方に好評です。
立呑み 田中のは、こってりしていなくて、だしを全部飲めるような味つけにしています。

《材料》作りやすい分量

豚バラかたまり肉……1kg
長ねぎ(青い部分)……1本分
しょうが(薄切り)……3枚
A　だし……5カップ
　昆布(だしをとった後のものでOK)……5cm角1枚
　酒……1カップ
　みりん……大さじ3
　砂糖……大さじ2
薄口しょうゆ……大さじ4
練りがらし……適量

《作り方》

1 豚肉は6～7cm角に切る。

2 鍋に**1**、かぶるくらいの水、長ねぎ、しょうがを入れて中火にかけ、煮立ったらアクを取り、ふたをして弱火で1時間ほどゆでる。

3 別の鍋にA、**2**の豚肉を入れて中火にかけ、煮立ったらアクを取り、弱火で1時間ほど、豚肉がやわらかくなるまで煮る。途中で薄口しょうゆを3回に分けて加える。器に盛り、練りがらしを添える。好みで白髪ねぎをのせても。

◆ラーメンやうどんにのせてもいいし、チャーハンにしてもいいので、一度にたくさん作るのがおすすめ。

調味料は料理の味を決める大事な要素。
立呑み 田中では、数ある中から自分たちの舌で確かめ
おいしいと自信をもっておすすめする
調味料だけを使用しています。

◆紹介した調味料は、
すべてたなか酒店で販売しています。

立呑み 田中の 調味料

1：井上しょうゆ　醸し

島根県奥出雲で作られる、天然醸造のしょうゆ。ちゃんと辛さとうまみがあるのが特徴。「辛さが立ちすぎず、うまみと辛さ、大豆のおいしさがまとまっていて、最後に加えると全体がぐっと引き締まり、間違いない味になる」。720mℓ 1000円（税別）／有限会社井上醤油店・発売元 株式会社片山

2：芳醇 天然かけ醤油

かつおだしと昆布だしのバランスがよく、塩分控えめのだしじょうゆ。「甘ったるくないのが特徴。仕上げにしょうゆを加えたいけど、辛くはしたくない、そんなときに。店では少量使いで、料理の味全体のまとめ役として使用することが多い」。500mℓ 580円（税別）／川中醤油株式会社

3：白だし お吸物のつゆ

本醸造の薄口しょうゆにかつおだし、昆布だしを使用した、だしのうまみが広がる白だし。料理に色をつけたくないときに。「立呑み 田中ではマリネや粕汁など、色をつけたくないけれど、うまみと辛みを足したいときに隠し味として使用」。500mℓ 480円（税別）／川中醤油株式会社

4：昔仕込本味醂 甘強酒造
蔵の素ブランド

粕取り焼酎、良質なもち米を使用し、糖類、醸造アルコールを添加せず、長期発酵で作られる、色の濃い本みりん。「3年熟成のこのみりんは、コクがあるけどさらりとしていて、まろやかな甘みがある」。720mℓ 1170円（税別）／甘強酒造・発売元 株式会社片山

5：澤屋まつもと厨酒《くりやざけ》

京都・伏見の酒造が作る料理酒。「使い過ぎに注意」との注意書きがあるほど、アミノ酸（＝うまみ成分）が多い。「うまみとして完成されていて、シンプルな味つけのときこそ、この酒に限る！ 立呑み田中の「魚の酒煮」にも欠かせません」。720mℓ 1000円（税別）／松本酒造株式会社

10：シママース

沖縄で長年愛され続けている塩。「とげとげしさがなくまろやか。辛すぎず、ちゃんとうまみがある。お値段も手ごろなので、たっぷり使えるのもいいところ」。1kg 450円（税別）／株式会社 青い海

11：エンリコチェーザリ エクストラバージンオリーブ油

イタリアのトスカーナ地方ルッカ産のオリーブ油。「油っぽさがあまりない、飲めるオリーブ油。さらりとしていて、淡い青い香りがあり、料理を選ばない」。現在5ℓ缶は卸販売のみ／サンヨーエンタープライズ株式会社

8：白みそ

甘酒屋ならではのノウハウを生かして作られた、甘めの白みそ。「めちゃくちゃまろやか。料理に使うときも、ほかの調味料を足さなくてもおいしくなる。ぬたや煮もののときも、このみそを使ったら味が調います」。250g 330円（税別）／マルクラ食品

9：ゆうき市場の洗双糖

100％種子島産のサトウキビを使用。甘い蜜の香り、ミネラル成分が豊富。「コクと甘みがちゃんとあるのに、後口に甘ったるさが残らない。素材本来の味を引き出してくれる」。1kg 520円（税別）／株式会社風水プロジェクト

6：キッコー酢（米酢）

主原料の米を発酵醸造させる伝統の製法で作られる、まろやかな酸味が特徴。「酢特有の酸味が苦手な方にもおすすめ。南蛮酢や二杯酢など、甘みを足して使う料理によく合います。酸味が立ちすぎるのがイヤなときに」。900mℓ 535円（税別）／児島岩吉商店

7：千鳥酢

米と熟成した酒粕から仕込む米酢。自然の甘みとうまみがあるのが特徴。「キュッと酸味をきかせたいときは千鳥酢！ と、酢を使い分けています」。900mℓ 690円（税別）／村山造酢株式会社

日本酒用語集

■あ

あらばしり
もろみを搾る工程で、最初に出てくるお酒。口当たりが荒々しく、フレッシュな味わい。

おりがらみ
上槽後、「おり引き」の工程で、「おり」を沈殿させながら残した酒。

■か

生酛（きもと）
江戸時代に確立された伝統的な酛（酒母）造り。自然界の乳酸菌を取り込み、桶の中に入れた材料を木の棒（櫂）ですりつぶす「山おろし」を行う方法。酸味が多く、コクのある味わいの酒が多い。

きょうかい酵母®（きょうかいこうぼ）
日本醸造協会が管理している酵母。もっとも古く、人気があるのが6号、7号、9号。6号は秋田の「新政」、7号は長野の「真澄」、9号は熊本の「香露」が発祥蔵。

吟醸造り（ぎんじょうづくり）
精米歩合60％以下の酒。大吟醸は精米歩合50％以下の酒。

原酒（げんしゅ）
もろみを搾り、酒と酒粕に分けた状態の酒。水を加えて呑みやすいアルコール度数と味に整えるのが一般的だが、水を加えない酒をいう。

■さ

直汲み（じかぐみ）
酒を槽《ふね》から直接瓶詰めする方法。フレッシュな味わいが特徴。

酒母（しゅぼ）
米麹に蒸米、水を加えて酵母を培養したもの。酛《もと》ともいう。

純米酒（じゅんまいしゅ）
米と米麹と水だけで作られる酒。

醸造アルコール（じょうぞう）
日本酒の香りを整えるために添加する、主にサトウキビを原料とした純度の高いアルコールのこと。本醸造酒、普通酒に添加される。

精米歩合（せいまいぶあい）
米の削り具合を表すもの。「精米60％」とは、米の外側40％を削り、内側の60％だけを使った酒のこと。「精米歩合40％」とは、外側60％を削り、内側40％を使っていること。精米歩合の数値が低いほど米をたくさん削るため、たくさんの米が必要になる。

責め
もろみを搾る工程の最後に、圧力をかけて搾り出した部分。濃厚で雑味が多い。「あらばしり」「中汲み（中取り）」よりもアルコール分が高いことが多い。

速醸酛（そくじょうもと）
酛（酒母）造りの際に、協会が定めた市販の乳酸を添加する方法。期間が「生酛」「山廃」の半分以下で、雑菌が繁殖しづらいため安定している。現在、市販の酒の9割以上は速醸元を使用。

■た

大吟醸（だいぎんじょう）
精米歩合50％以下の酒。

■な

中汲み（なかぐみ）
もろみを搾る工程で、「あらばしり」の次に出てくる透明な酒。風味のバランスがもっともよい。「中取り」とも呼ばれる。

生原酒（なまげんしゅ）
加熱も加水もしていない、搾ったままの酒。

生酒（なまざけ）
一度も火入れを行わない酒。瓶内で酵母が生きているため、フレッシュさがある。保存は冷蔵庫が原則。

生詰め（なまづめ）
貯蔵前に一度だけ火入れし、瓶詰め前の火入れはせずに、そのまま瓶に詰めて出荷する酒。

にごり酒（にごりざけ）
もろみの発酵が完全に終わる前に、目の粗い布で濾した清酒。白色で甘みが残り、とろりとした舌触りが特徴。

■は

火入れ（ひいれ）
加熱した酒。以前は貯蔵前と瓶詰め時の2回火入れするのが一般的だったが、最近は生酒を瓶に詰めた後、一度だけ加熱殺菌する方法も増えている。火入れした酒は常温で保存可能。開栓後は冷蔵庫で保存し、1週間程度で呑みきるのがベター。

ひやおろし

新酒を一度加熱して熟成させ、夏の終わりか秋口まで熟成させた酒。やや濃厚な味わいになり、燗酒にしてもおいしい。「秋あがり」もほぼ同じ意味。

冷や酒

室温、常温の酒のこと。冷蔵庫で冷やした酒は「冷酒《れいしゅ》」。

菩提酛(ぼだいもと)

室町時代に奈良の菩提山正暦寺で造られたのが始まりとされる。生米と水を混ぜ、乳酸菌を繁殖させて「そやし水」と呼ばれる仕込み水を作り、蒸米、麹を足して酛(酵母)を造る方法。酸の強い、個性的な酒になることが多い。

本醸造(ほんじょうぞう)

米、米麹に醸造アルコールを添加して造られたお酒。

■ま

無濾過(むろか)

もろみを濾した後、タンクに貯蔵して「おり」を沈殿させる「おり引き」をした後、機械や活性炭を加えて「濾過」する工程をとらず、「おり引き」のみを行った酒のこと。ずっしりとした味わいの酒が多い。

水酛(みずもと)

菩提酛と同様、「そやし水」で仕込む酛(酒母)製造法。江戸時代の古文所書『童蒙酒造記』に記されている呼称。

■や

山廃(やまはい)

明治時代にできた酛(酒母)造りで、「生酛」の「山おろし」を廃止した手法。自然界の乳酸菌を取り込むため、パワフルな酒が多い。

KEG DRAFT SAKE(ケグ ドラフト サケ)

オランダ生まれの特殊な容器に詰めることにより実現した、搾りたての生酒。今までは蔵でしか飲めなかったフレッシュな味わいが、立呑み 田中、まある笑店で楽しめる。

日本酒ができるまで

■精米

玄米を精米機で削る。米の外側にはたんぱく質、脂肪、ビタミンが多く、取り除くことで麹菌や酵母の働きが旺盛になりすぎるのを防ぐ。「磨き」ともいう。

■洗米/浸漬

精米した米を休ませた後、精米時に米についた糠を洗い流して(洗米)。酒の味をきれいにする。洗米後、水につけて米に吸わせる(浸漬)。

■蒸米

酒造りのときは、米は炊くのではなく蒸す。炊いたときよりも米の水分量を調整しやすいため。また、蒸すと外側は硬く内側はやわらかくなり、米のでんぷん質が糖化しやすくなる。

■製麹

蒸した米に麹菌を繁殖させること。この作業でき上がるのが、米麹。麹に含まれる酵素がでんぷんをぶどう糖に変える。

■酛(酒母)造り

製麹作業で完成した米麹に蒸米、水を混ぜて微生物を繁殖させる。酵母を加えるとアルコール発酵がおこり、酛(酒母)ができる。

■仕込み

酛(酒母)に蒸し米、米麹、水を加え、発酵させ、もろみを造る。一度に入れると発酵が不安定になるので、三度に分けて加える「三段仕込み」が一般的。

■上槽

もろみを濾して、酒と酒粕に分ける。その後、米の破片などの「おり」で濁っている酒を放置して沈殿させる「おり引き」を行い、機械や活性炭などで「おり」を取り除く「濾過」を行う。

■火入れ

香りや品質を安定させるため、加熱殺菌する。以前は、酒ができたときと出荷時の二度火入れするのが一般的だったが、最近は生酒を瓶詰めした後、一度だけ加熱殺菌する方法も増えている。

■貯蔵/加水

タンクや瓶に詰めて保存し、熟成させ、香りや味のバランスを整える。水を加えて呑みやすいアルコール度数と味に整える。

たなか屋のこと

料理研究家 上田淳子

たなか屋が大好きです。

ここには「愛」が溢れている。それが大きな理由です。

おいしいお料理やお酒を出すお店は数多あれど、プラスして大きな愛が感じられるお店と出会うことはなかなか難しい昨今ではないでしょうか。

だから私は、この店に出会ったときには本当に驚きました。

その愛、お店の至る所に存在しています。手書きのメニューも、所狭しとおかれたおばんざいも、丁寧なお酒の解説も、ひとつひとつが「私を食べて」「呑んで」と訴えかけるのは、女将の裕子さんをはじめスタッフの皆さんの愛が溢れているからに他なりません。素材を愛で、愛おしみ、持ち味を最大限に引き出してあげたいという思い、お客様にはおいしいお料理とお酒で楽しい時間を過ごしてもらいたいという思い……そんな気持ちが皆さんの立ち居振る舞いから伝わってくるのです。だからこそ生まれるお客様の笑顔なのだと私は確信しています。

料理の仕事をする私自身、伺う度に皆さんの心意気と仕事に向き合う姿勢にはっとさせられています。そしてお料理のまっすぐなおいしさに、背筋がスッと伸び、気持ちが前向きになります。私にとってとても大事なお店なのです。

ご縁は、数年前。知人の紹介で立ち寄ったのが始まりでした。料理を見れば人がわかる。裕子さんとはすぐに意気投合し、今では料理仲間であり、同年代の子どもを持つ母同士であり、おいしいもの、ステキなお酒に目がない食いしん坊の友達です。

料理屋を営むって、実は本当に大変なことです。材料と真摯に向き合い、お客様を飽きさせることなく、何より自分自身が進化していかねばなりません。たなか屋はそれを20年もの間続けていらっしゃいます。その大変さを楽しさに変換し、強く、優しく、しなやかに仕事を続けている裕子さん。彼女と素晴らしいスタッフが力を合わせてさらに進化していくであろうたなか屋。ずっと揺るぎなく、愛が注がれ続けるにちがいないこの店の味が、私はこれからも楽しみでなりません。

立呑み 田中

兵庫県明石市本町 1-1-13　☎ 078-912-2218

平日　12：00 ～ 14：00、
17：00 ～ 21：00（30 分前ラストオーダー）
土日祝　12：00 ～ 18：00（30 分前ラストオーダー）
日　12：00 ～ 14：30 は
立呑み 田中おまかせ SUNDAY（おまかせ料理・予約制）

水・木定休

発酵醸造食品販賣所　たなか屋　www.sake-tanakaya.com

たなか酒店が経営する、立呑み処。明石の“まえもん”のおいしい魚介はもちろんのこと、アレンジの利いた料理の数々は「立呑み」の概念を覆すほど。酒屋ならではの酒選びも楽しく、日本酒、ワイン、地ビールなどが揃う。気持ちのいい接客も人気で、遠方から訪れるお客さんも多い。なんと現スタッフのほとんどが元お客さんという、立呑み 田中ラバーによる立呑み 田中ラバーのための店でもある。

撮影：広瀬貴子

ブックデザイン：茂木隆行

スタイリング：池水陽子

調理アシスタント：
酒井葉子、近藤佑美

酒セレクト：南 賛太

編集：飯村いずみ

校正：麦秋アートセンター

プリンティングディレクション：
江澤友幸（大日本印刷）

◆掲載の情報はすべて2023年10月現在のものです。

田中裕子　たなかゆうこ

明石・魚の棚《うおんたな》商店街にある、「立呑み 田中」女将。小学生のころから家族7人分の食事を一手に引き受ける。結婚後、しばらくは「たなか酒店」の手伝いをしていたが、三代目（夫）の強い要望により、立呑み 田中を引き継ぐことを決意。行列ができる人気店に成長させる。モットーは「楽しい、うれしい、面白い！　自分も楽しむ！」こと。近くにある「まある笑店」の女将としても奮闘中。

参考文献
『新版　厳選日本酒手帖』 山本洋子著／世界文化社
『もっと好きになる　日本酒選びの教科書』 竹口敏樹監修／ナツメ社
『日本酒を好きになる　人気 YouTuber が教える日本酒新時代』
サケラボトーキョー・甲斐勇樹／マイナビ出版

日本一《にほんいち》の角打《かくう》ち！
明石《あかし》・魚の棚商店街《うおんたなしょうてんがい》「たなか屋《や》」の絶品《ぜっぴん》つまみ

2023 年 10 月 12 日　発　行　　NDC596

著　　者　田中裕子《たなかゆうこ》
発 行 者　小川雄一
発 行 所　株式会社 誠文堂新光社
〒113-0033 東京都文京区本郷 3-3-11
電話 03-5800-5780
https://www.seibundo-shinkosha.net/
印刷・製本　大日本印刷 株式会社

ISBN978-4-416-52389-6